POÉSIES

DE

JACQUES BÉREAU

PARIS

Cabinet du Bibliophile

M DCCC LXXXV

mq. les pages 1-8.
4 juillet 03
[signature]

ŒUVRES POÉTIQUES

DE

JACQUES BÉREAU

—

CABINET DU BIBLIOPHILE

Nº XXXIII

TIRAGE

320 exemplaires sur papier de Hollande (nos 51 à 350).
 15   —   sur papier de Chine (nos 1 à 15).
 15   —   sur papier Whatman (nos 16 à 50).
---
350 exemplaires, numérotés.

N° 200

OEUVRES POÉTIQUES

DE

JACQUES BÉREAU

POITEVIN

AVEC PRÉFACE, NOTES ET GLOSSAIRE

PAR

J. HOVYN DE TRANCHÈRE

ET

R. GUYET

PARIS

LIBRAIRIE DES BIBLIOPHILES

Rue Saint-Honoré, 338

—

M DCCC LXXXIV

PRÉFACE

L'OUVRAGE dont nous publions aujourd'hui une nouvelle édition appartient sans contredit à la catégorie des « rarissimes ». Imprimé *à Poictiers par Bertrand Noscereau, maistre imprimeur en ladite ville*, en l'année 1565, il a pour titre : LES ÉGLOGUES ET AUTRES ŒUVRES POÉTIQUES DE JAQVES BÉREAV, POICTEVIN, et forme un volume petit in-4º de 136 pages.

Il commence par une dédicace en prose à « très hault, très puissant révérend Père en Dieu, l'evesque de Luçon, Baptiste Tiercelin », et se divise en trois parties :

La première comprend les *Églogues*, au nombre de dix ;

La seconde les *Diverses Poésies de Jaques Béreav, Poictevin*, c'est-à-dire neuf odes, une « gaieté » et six pièces de vers détachées ;

Enfin, la dernière partie, *le Premier Livre des sonetz de Jaqves Béreav, Poictevin*, se compose de quarante sonnets. Le titre de cette dernière partie pourrait faire supposer que l'ouvrage est incomplet ; toujours est-il qu'il nous est parvenu ainsi, et, s'il n'y a pas là une simple erreur d'impression, il est à croire que l'auteur eut l'intention de compléter plus tard les œuvres qu'il livrait pour la première fois à la publicité, et que des circonstances inconnues l'empêchèrent de mettre son projet à exécution.

Les œuvres de Jacques Béreau n'ont jamais été rééditées depuis le XVIe siècle, à part quelques extraits qui ont été publiés à des reprises différentes dans ces dernières années. M. Dugast-Matifeux en fit paraître pour la première fois un certain nombre dans un journal de Fontenay, qui furent ensuite tirés en une plaquette in-folio à dix exemplaires seulement. Ils comprennent : la dédicace à l'évêque de Luçon, la troisième églogue, trois odes, dont l'une dédiée à René Guyot, et les deux autres à Lancelot Voisin de la Popelinière, l'épitaphe de Claude de Belleville, une chansonnette, le tout accompagné de six notes philologiques et historiques de M. Dugast-Matifeux. D'autres extraits, moins importants, ont été insérés dans la Revue de l'Aunis, de la Saintonge et du Poitou, puis furent tirés à part, à vingt-cinq exemplaires. C'étaient : la dédicace, suivie de quelques vers de la première églogue, et toute la troisième églogue « sur la louange de la vie rustique ».

Le volume auquel ont été empruntés ces extraits, et dont celui-ci est la reproduction intégrale et fidèle, appartient à la bibliothèque de la ville de Niort. A un état de conservation remarquable, il

joint l'intérêt de porter en mention l'*ex musœo
de Charles Nodier*, avec quelques mots de dédicace
d'Armand Bertin. Il est regrettable que Charles
Nodier, pour qui l'indication d'un livre était si souvent l'occasion de remarques délicates, ne nous ait
presque rien dit des œuvres de Béreau. En effet,
au numéro 380 de sa *Description raisonnée d'une
jolie collection de livres*, il se contente d'en parler
sommairement en ces quelques mots : « Ce rare
et joli volume m'a été donné par mon ami, M. Armand Bertin. »

Malgré les troubles incessants dont le Poitou fut
le théâtre pendant le XVIe siècle, il ne laissa pas de
fournir à cette époque sa part d'illustrations natio-
nales. Cependant, comme l'a fait remarquer quelque part M. Benjamin Fillon, dont les savantes
études ont jeté un si grand jour sur l'histoire de sa
province, l'esprit positif des habitants de cette
contrée s'adonna de préférence à la culture des
sciences exactes, telles que la jurisprudence, les
mathématiques et l'histoire, et la patrie des Tiraqueau, des Brisson, des Viète, des Imbert et des
Besly vit rarement fleurir la poésie. Besly lui-
même, l'élève et l'ami de Rapin, qui « cultiva le
noble divertissement des vers », Besly qui, après
avoir été un bien mince poète, n'en fut pas moins
un historien de valeur, avouait mélancoliquement

qu'il était « un pauvre villageois du fin fond du bas Poitou, le plus disgracié des Muses qui se puisse voir [1] », et ajoutait, sans doute en manière de consolation, que « la graine de poésie n'a jamais bien poussé en Poitou ». S'il est permis de trouver un peu de sévérité, et peut-être un peu de dépit dans ce jugement, la renommée de son côté n'a-t-elle pas été quelque peu injuste en ne sauvant de l'oubli que les noms de Scévole de Sainte-Marthe et de Nicolas Rapin, et puisque le vent est aujourd'hui aux réhabilitations, ne serait-il pas de toute impartialité d'arracher le nom de Jacques Béreau aux ténèbres épaisses qui l'enveloppent depuis plus de trois siècles ?

Jacques Béreau était fils d'une dame N. Le Tourneur et d'un sieur Pierre Béreau, sur lequel l'histoire ne nous a pas laissé de documents précis, mais qui vraisemblablement remplit les fonctions de sénéchal à la Chastaigneraie, où il tint les assises ordinaires de 1529, 1531, 1534 et 1537 [2]. Il est

---

1. Lettre à M. de Sainte-Marthe, du 20 novembre 1613.
2. Archives du département de la Vienne. Fonds H-3.

Papiers du Grand-Prieuré d'Aquitaine, de l'ordre de Malte. Cahier n° 57. Assises ordinaires de la Chastaigneraie. Assises de 1529, 31, 34, 37, tenues par Pierre Béreau, licencié ès lois, sénéchal. Il remplaça à ce titre Anthoine Prevost, sieur de la Bretaudière. Il eut des troubles sous son sénéchalat, et ne paraît pas avoir été très populaire. D'après M. L. de la Boutetière, il fut le père de Jacques Béreau.

question, pour la première fois, du nom de Béreau à la fin du XIVe siècle : on trouve en effet un Jean Bérault, sénéchal du duc d'Anjou en sa châtellenie de Talmont, en 1377. La différence d'orthographe ne prouve rien contre cette descendance, car, d'après M. Benjamin Fillon, les membres de cette famille écrivaient indifféremment leur nom : *Bérault, Béraud* ou *Béreau,* et le savant investigateur fait observer à cette occasion que c'était la branche de Niort qui orthographiait de la première façon, tandis que la branche de Fontenay avait adopté la seconde.

Cette opinion est d'ailleurs partagée par M. Beauchet-Filleau, qui n'hésite pas à placer dans cette famille Pierre Béreau, seigneur du Plessis-Houtelin, le propre frère du poète.

Quoi qu'il en soit, si le père de Jacques Béreau n'était pas d'une haute origine, tout porte à croire qu'il appartenait à une famille estimée dans le pays, et qu'il était par lui-même un homme d'une réelle valeur, s'il faut en juger par son alliance avec les Le Tourneur. Du côté de sa mère, en effet, le poète était apparenté à une famille de grande noblesse : la mère de Jacques Béreau avait une sœur, Marie Le Tourneur, qui épousa Joachim Voisin, sieur de la Popelinière, dont elle eut un fils, qui devait illustrer son nom. Ce fils, Lancelot-Voisin [1]

---

1. Ce nom est orthographié de différentes façons, avec ou sans particule. Jacques Béreau écrit : *Voisin ;* La Croix du Maine et Dreux du Radier, *Voisin* ou *du Voesin.* La

de la Popelinière[1], prit une part très active aux guerres de religion, et se fit remarquer plus d'une fois dans les rangs des huguenots comme un capitaine d'un courage à toute épreuve. Plus tard, quand les circonstances et l'âge l'obligèrent à remettre l'épée au fourreau, il prit la plume, et employa le reste de sa vie à retracer avec une rare impartialité l'histoire de cette terrible époque de troubles, et de ces événements dont il aurait justement pu dire : *Quorum pars magna fui*[2]. Béreau lui a dédié son ode VIII, ainsi que deux sonnets.

Il est à supposer, d'après M. B. Fillon, que les deux sœurs, Marie et N. Le Tourneur, étaient de Burbure[3]. Elles avaient un frère, Jehan Le Tourneur[4],

---

Popelinière lui-même, dans ses œuvres, a écrit tantôt *Voisin* et tantôt *Voesin*.

1. Commune de Sainte-Gemme-en-Plaine, près de Luçon.

2 Germain de la Faille, dans ses *Annales de Toulouse*, et d'autres historiens avec lui ont prétendu que La Popelinière mourut catholique, en 1618, dans un âge fort avancé. Cette opinion, que contredit la vie toute entière du vaillant capitaine protestant, n'est plus admise, et il semble avéré aujourd'hui qu'il fut enterré à Paris dans le cimetière des Huguenots.

3. Commune de la Flocellière.

4. Un acte de 1554 qualifie ainsi Jehan Le Tourneur : « Honorable homme, maître Jehan Le Tourneur, licencié ès lois, seigneur de la Baussonnière. » Il avait épousé Antoinette Le Bacle, dame de Beaurepaire, dont il eut un fils qui étudia le droit sous le célèbre jurisconsulte

qui habitait le joli petit château de la Bausson-Chopiin. C'était probablement un parent de la tante de Béreau que ce Joseph de Bacle, docteur-régent ès droit, seigneur des Defans, auquel le poète a dédié un sonnet, où il célèbre « son heureuse facunde et son rare sçavoir ».

Quant aux Le Tourneur de Burbure, nous nous permettrons d'emprunter les lignes suivantes au travail déjà cité de M. Léon Audé : « Nous n'avons encore rien trouvé sur les Le Tourneur de Burbure avant le XVIᵉ siècle. *Nicolas* Le Tourneur, sieur de Burbure, frère probablement de Marie de La Popelinière et de N. Béreau, avait épousé Jeanne Gobin, fille du receveur des tailles de Fontenay, et sœur de Suzanne Gobin, femme d'Adam Tiraqueau, baron de Denans. — 1618. *Pierre* Le Tourneur, son fils, sieur de Burbure et de Bart, épousa Jeanne Gobin, sa cousine, fille de Jacques Gobin, sieur de Chaix. — 1649 « Haut et puissant messire *François* Le Tourneur, chevalier, seigneur de Burbure, du fief des Douaudières et autres lieux. » — 1665. *René* Le Tourneur, écuyer, sieur de la Lande, de Brébure, l'Etoile et du fief du Tail. — 1678. *François* Le Tourneur, sieur de Burbure. — 1775. *Marie-Louise* Le Tourneur, dame de Burbure, épouse de Fr. Charles du Tiers, seigneur de la Touche, ancien capitaine au régiment de la Reine-Infanterie. » Ce *François* Le Tourneur, dont parle ici M. Audé, se trouve mentionné dans les *Annales du Couvent des Carmes de la Flocellière*, où nous lisons ce qui suit : « 24 avril 1651. *François* Le Tourneur, écuyer, sieur de Burbure, et Catherine de l'Erpinière, son épouse, donnent et lèguent à perpétuité au couvent de la Flocellière la somme de 50 livres de rente à prendre sur leurs biens, et principalement sur leur seigneurie de Burbure, à condition de leur donner une chapelle qui sera dédiée au Saint-Ange-Gardien. Le 5 septembre 1651, contrat passé

nière [1], dont l'architecture, dans le style de la

---

par Thibaut et Bignon, notaires à la Flocellière. — 18 octobre 1664. Catherine de l'Erpinière, enterrée le 19 dans la chapelle du Saint-Ange-Gardien, au pied de l'autel, proche la muraille. » La copie de l'intéressant manuscrit auquel nous empruntons ces renseignements est entre les mains de M. Th. Arnauldet, qui a l'intention d'en faire prochainement l'objet d'une publication.

Nous nous trouvons certainement ici en présence d'une erreur ou d'une omission. Jacques Béreau a en effet adressé un épithalame à « *Nicolas* Le Tourneur, seigneur de Burbure, son cousin, et à Anne Le Vénier. » Dreux du Radier s'est évidemment trompé, en faisant de l'époux d'Anne Le Vénier le fils de Jehan Le Tourneur, qui était seigneur de la Baussonnière. Quant à M. L. Audé, il ne parle pas de ce cousin de Jacques Béreau, et la date qu'il place à côté du nom de *Pierre* Le Tourneur, ne nous autorise guère à croire que ce pût être le frère de ce dernier, puisque l'époque de son mariage doit se placer vers l'an 1563. Ce qui serait plus supposable, c'est que ce *Nicolas* Le Tourneur ne serait autre que celui dont M. Audé ferait à tort le frère de Marie et N. Le Tourneur, alors qu'il ne serait que leur neveu, et qu'il aurait épousé Anne Le Vénier en premières noces : resterait alors à connaître le nom de son père.

Parmi les signataires de l'acte des protestants de Pouzanges figurent encore les noms de deux Le Tourneur, membres sans doute de cette famille, qui devait s'éteindre au XVIIIe siècle. Dans cet acte, fait le 13 décembre 1567, les huguenots s'engageaient par serment et d'une même volonté « à abattre, ruiner, détruire le temple, autrement dit la Babylone papistique de ce dit lieu..... »

1. Commune de Boupère. Ce manoir de la Baussonnière devint plus tard la propriété des Texier de la

dernière période de la Renaissance, fait encore, à l'heure qu'il est, l'admiration des archéologues. Ce Le Tourneur avait un esprit cultivé, et joignait à un goût prononcé pour les lettres le genre de vie et les allures d'un gentilhomme campagnard accompli. Béreau, instruit et lettré comme lui, et comme lui amoureux de la vie en plein air, témoigna de bonne heure une grande affection pour cet oncle, auquel il dédia son ode IV sur « le poupon », et dans laquelle avec cette exagération pardonnable aux poètes, il compare ses jardins à ceux des Hespérides. Ailleurs, dans un sonnet qu'il adresse à ce même oncle, il chante la tranquillité des champs, que tous deux ont préférée aux bruits de la ville :

. . . . . Heureux celuy qui dedans son village
Vit content comme toy auprès de son ménage,
Et d'estats et faveurs ne se soucie point.

Comme on peut en juger par les détails biographiques contenus dans la note 4 de la page VI, les renseignements sur la famille de Jacques Béreau sont beaucoup plus nombreux du côté maternel que ceux qu'on a pu recueillir sur la famille de son père.

Jacques Béreau avait un frère, Pierre Béreau, qui acheta en 1590 à Pierre Le Tourneur de la

---

Mothe-Saint-Germain, qui le conservèrent pendant longtemps.

Baussonnière les terres du Grand-Launay et du Plessis-Houtelin[1].

Ainsi que le dit M. Léon Audé, dans l'intéressant travail qu'il a publié en 1857 dans *l'Annuaire départemental de la Société d'émulation de la Vienne,* d'après les notes de M. Benjamin Fillon, la famille Béreau a fourni un grand nombre de petits seigneurs d'infiniment petites seigneuries autour de Mouilleron-en-Pareds, de Bazoges, etc. Un autre frère, Joachim Béreau, sieur de la Mothe, est mentionné dans un acte du 11 juin 1590. Un de ses cousins, René Béreau, sieur de Durchamp, devint lieutenant du vice-sénéchal du bas Poitou, à Niort. En 1634, Ézéchiel Béreau, seigneur de la Graslière et de la Mazaire, « gentilhomme servant du roy », habitait la Graslière, petit manoir de la commune de Mouilleron-en-Pareds. Vers le même temps, un Béreau était curé de la même paroisse. En 1610, nous trouvons encore un J. Béreau, signataire d'une pièce, dans laquelle les doyens et chanoines de l'église cathédrale de Luçon jurent de « rendre et garder toute obéissance et fidélité au roy Loys treiziesme de ce nom et à la royne régente. » C'est peut-être aussi un membre de la même famille, qui signa un distique latin en tête d'une édition des œuvres de Clément Marot[2].

---

1. Commune de Sigournais. Les archives du château de Sigournais contiennent une pièce de Pierre Béreau relative à cet achat.

2. Voici en effet ce qu'on lit dans l'édition imprimée à Niort, en 1595, chez Thomas Portau :

PRÉFACE

En 1698, un Béreau de la Jouissière [1] fut président de l'élection de Fontenay, et, en 1722, cette même charge importante fut occupée par Nicolas Béreau, seigneur de Puyviault. La famille de Jacques Béreau s'était alliée, croyons-nous, dès le milieu du XVIIe siècle, à celle de son illustre contemporain, Christophe Claveau de Puyviault, l'un des chefs du protestantisme dans le Poitou. Il y avait, en effet, en 1648, une chapelle des Béreau dans l'église de Saint-Sulpice-en-Pareds, paroisse dont dépendait la seigneurie de Puyviault. Il y eut, à la même époque des Béreau de la Martinière, et ce n'est qu'à la fin du XVIIIe siècle que s'est éteinte la famille des Béreau.

La vie privée de Jacques Béreau ne nous est guère connue que par ce qu'il nous en apprend lui-même dans ses écrits, ce qui nous réduit souvent à des données assez vagues. La Croix du Maine, quoique contemporain, n'en dit rien dans sa *Bibliothèque françoise*, et du Verdier de Vauprivas, ainsi que l'abbé Goujet, se contentent, faute de documents, de donner quelques extraits de ses œuvres.

Nicolai Beraldi in Clementis Maroti adolescentiam distichon.

Hi sunt Clementis juveniles, aspice, lusus ;
Sed tamen his ipsis est juvenile nihil.

3. Ce Béreau écrivait aussi son nom *Bérault*, ce qui confirme l'opinion que nous avons déjà émise.

Dreux du Radier[1], qui déplore cette absence de renseignements, a fait plus que ses prédécesseurs, en disant quelques mots sur la famille de Béreau, et en y joignant une appréciation qui mérite d'être lue.

La date de la naissance de Béreau, comme celle de sa mort, nous est absolument inconnue, et laisse un champ assez vaste aux conjectures. Il en est une pourtant qui nous semble fort vraisemblable : Jacques Béreau ayant mis plusieurs fois sa muse au service de son cousin La Popelinière, il est assez étrange que ce dernier n'ait jamais parlé dans ses œuvres de celui auquel il devait de semblables hommages. D'un autre côté, comme on n'a aucune raison de douter de sa reconnaissance et de son affection pour le poète, on en peut conclure que Jacques Béreau ne survécut pas longtemps à l'impression de son ouvrage en 1565[2]. Ce qui nous confirme encore dans cette idée, c'est qu'aucun des poètes ses compatriotes, tels que Scévole de Sainte-Marthe et Nicolas Rapin, qui florissaient déjà avant les Grands-Jours de Poitiers et les réunions chez les dames Des Roches, n'a parlé de lui. Quant à la date de sa naissance, nous ne croyons pas possible de la placer avant 1530 ou 1535, parce que la date de 1590, à laquelle nous voyons figurer sur deux

---

1. *Biblioth. hist. et critique du Poitou*, t. II, p. 252.
2. Nous devons cette supposition à une obligeante communication de M. Dugast-Matifeux, qui a réuni toutes les œuvres imprimées de Lancelot-Voisin de la Popelinière.

actes différents les noms de ses frères, Pierre et Joachim Béreau, ne nous permet pas de donner un âge invraisemblable à ces derniers, tout en nous laissant supposer que Jacques était l'aîné des trois.

Élevé au milieu des bois et des champs, au sein d'une famille qui avait conservé dans toute leur force les anciennes traditions des gentilshommes bas poitevins, veneurs de vieille race, qui se préoccupaient plus d'avoir une belle meute de lévriers et d'appareiller une couple de bons hobereaux, que de savoir ce qui se passait à la cour ou dans les armées du roi, Jacques Béreau conçut de bonne heure un grand amour pour cette vie rustique, pleine de tant de charmes et d'indépendance, et cultiva les muses qui « hantaient ses verts bocages ». Il fallut cependant dire bientôt adieu à cette douce vie, et faire comme les jeunes gens de quelque rang de cette époque. Jacques partit pour étudier le droit à Poitiers, mais sans laisser tout derrière lui, et ce fut avec la secrète intention de se livrer à la poésie qu'il entra dans la ville des savants docteurs. Il ne tarda pas à s'apercevoir qu'il s'était fait illusion, et, comprenant bientôt que son siècle, « ingrat guerdonneur de tous vertueux merites », tenait en peu d'honneur les neuf « Charites », il s'adonna de tout cœur à ses nouvelles études, et se mit « d'esprit, d'yeux et mains à fouiller les loix des Romains », consacrant toutefois à la lecture des poètes grecs et latins les rares moments de loisir qu'il pouvait dérober à compulser « les loix cæsariennes ». Il étudia ainsi le droit, pendant trois années, avec les Chopin, les Le Bacle et les Le Sage, et se montra le digne élève d'aussi doctes professeurs. Dans un sonnet qu'il a dédié au dernier des trois, il témoigne toute sa reconnaissance au maître dont il suivit les leçons avec tant de fruit.

« L'avocat enflé de loix » n'avait cependant pas oublié son petit village, et bien souvent il dut dire, comme son compatriote Rapin, quand il était à Paris, dans le tourbillon des affaires :

> O petit trou, quand auray-je pouvoir
> D'aller encore en Poitou pour te voir?

Comme Rapin, il n'aimait pas ces villes bruyantes où

> On voit les procureurs et advocats par bandes,
> Chargez de sacs poudreux, courir à ce profit
> Que jamais homme libre et genereux ne fit.

Mais la destinée n'avait pas réservé le même sort à l'un et à l'autre, et tandis que Rapin montait d'honneurs en honneurs, Jacques Béreau retournait au fond de sa province, avec son léger bagage de connaissances, et surtout avec « une amour plus ardente » que jamais pour son existence favorite des champs. Cependant ses parents et ses amis l'engagèrent à « eslire pour principal labeur et occupation l'estude de la jurisprudence », lui représentant, non sans quelque raison, qu'il y trouverait, bien plus que dans son attachement aux Muses, un moyen honnête « de gaigner quelque peu de bien et d'honneur entre les hommes ».

En sa qualité de fils et d'ami affectueux, il suivit ce sage conseil : c'est du moins ce qu'il nous apprend lui-même dans sa dédicace à l'évêque de Luçon. Il paraît à peu près certain qu'il obtint, à cette époque, la charge de receveur des taxes de « l'achenau[1] de Luçon[2] »; mais il est également à présumer qu'il ne remplit pas bien longtemps ces fonctions, et soit qu'il ne les trouvât pas de son goût, soit que les troubles qui survinrent l'en aient empêché, il ne tarda pas à se retirer auprès de sa famille.

Il allait donc revoir la maison paternelle et ces belles campagnes, où les beautés de la nature avaient, pour la première fois, fait battre son cœur. Et ces chères muses bocagères, que penseraient-elles de l'ingrat qui les avait délaissées ? En apprenant son retour, ne fuiraient-elles pas loin de lui ? Mais il n'en fut rien : il retrouva sa garenne et ses bois, sa vallée avec le clair ruisseau qui serpentait à travers la prairie. Seulement les horizons lui semblèrent plus vastes et plus profonds que ceux qu'il embrassait de son regard d'enfant; les arbres

---

1. Canal.
2. Nous possédons un curieux autographe dont nous sommes redevables à M. Dugast-Matifeux, qui est une quittance de taxe, délivrée par Jacques Béreau à son cousin La Popelinière.

avaient grandi, et l'eau du petit ruisseau lui parut plus limpide et plus fraîche que jadis. Il ne regretta pas un seul instant les études qu'il venait de quitter pour revenir à ses premières occupations, et dans un sonnet qu'il envoya au savant Brisson, il crut devoir se justifier d'avoir abandonné la carrière du barreau pour se livrer au commerce des muses, en accusant la fortune de ne lui avoir pas donné le moyen de briller dans la profession d'avocat :

> Ici je chante, assis sur le bord aquatique
> De mon Loi doux-coulant, maint sonnet poétique
> Selon la passion qui me vient esmouvoir.
>
> Et que ferois-je mieux ? Mon desastre me force
> D'estre ici sans renom, n'ayant moyen ni force
> De me faire au barreau ainsy comme toy voir.

Il serait malséant de chercher dans ces trois derniers vers un aveu d'incapacité, et si probablement Béreau n'a jamais possédé un grand talent oratoire, on peut néanmoins supposer qu'il aurait pu, comme tant d'autres, tenir son rang au palais ; mais ses goûts le portaient ailleurs, et il n'aima jamais l'avocat qui

> . . . . s'esbat
> A nous entretenir en procés et débat
> Pour avoir nostre argent.

Quant à l'opinion de l'abbé Goujet, qui pense que Béreau, ne se sentant pas les qualités néces-

saires pour plaider, se contenta d'être utile à ses
compatriotes comme avocat consultant, nous ne
saurions la partager : d'abord, parce que Béreau
vivait au fond de la campagne, où il n'aurait pu
en aucune façon se faire une sérieuse clientèle, et
surtout parce que lui-même ne nous en dit rien.
Sans doute il n'abandonna pas complètement la
jurisprudence, en vue des services qu'il pouvait
en retirer à l'occasion pour ses amis et pour lui,
et trouva même du plaisir à reprendre, de temps à
autre, des études auxquelles il avait consacré plusieurs années de sa vie.

Du Verdier a cru pouvoir avancer, en citant le
sonnet dans lequel Béreau se plaint « à bon droit
de cruelle fortune », qu'il ne sut jamais conquérir
la richesse et le crédit qu'il avait espéré un moment
trouver dans l'étude des lois, et que ne pouvait
assurément lui promettre sa passion pour la poésie.
Sans croire que Béreau soit jamais tombé dans une
grande pauvreté, il est vraisemblable qu'il n'a
possédé qu'une modeste aisance, et s'il dit quelque
part que « les biens fuyoient de lui », il est plus
que probable que l'envie d'en amasser était loin
de « poindre » celui qui a chanté, avec un charme
renouvelé des *Bucoliques,* le bonheur de l'homme
des champs, qui

> . . . . n'a soing d'acquerir
> Et villes et chasteaux, de mandier offices,
> De courir aux palais, de briguer benefices.

Quant à la considération, Béreau en fut toujours

entouré, et s'il ne voulut pas utiliser l'amitié et l'estime de personnages comme Brisson et Chopin, c'est qu'il craignait trop de ressembler à ces gens qui « mendient les offices », et qu'il plaçait au-dessus de la vie d'intrigues l'existence calme et honorable qu'il s'était faite dans sa retraite champêtre, à l'abri des passions qui agitaient les autres hommes et à la guise de son humeur.

En pleines guerres de religion, au milieu d'un pays où la plupart des esprits avaient été mis en effervescence par les troubles soulevés par l'apparition du drapeau de la Réforme, il est intéressant de rechercher à quel camp appartenait Béreau. La famille de son père, d'une origine assez ancienne, était restée catholique, et lui-même avait conservé la religion de ses ancêtres. C'est ce qu'on est du moins autorisé à croire, en voyant qu'il fit hommage de ses œuvres à Baptiste Tiercelin, évêque de Luçon[1], qui joua un rôle important dans les événements de cette époque, et après avoir lu son sonnet à Bérenger, dans lequel il dit qu'il douterait volontiers, avec Épicure, de la Providence, s'il n'avait pas pour le consoler « la vraye et certaine parolle du Filz du Dieu vivant ». Il ne fut cependant pas ardent catholique, et pour plusieurs rai-

---

1. Jean-Baptiste Tiercelin, vingt-deuxième évêque de Luçon, prit possession de son diocèse le 23 avril 1563. Il était parent de son prédécesseur René de Daillon du Lude, dont le frère Guy fut gouverneur du Poitou, et à qui Béreau a dédié son ode III.

sons : la première, c'est qu'il avait un certain nombre de protestants dans sa famille et parmi ses amis, tels que Voisin de La Popelinière, Moussiau, Bourdigalle et Duchesne ; la seconde, et peut-être la meilleure, c'est qu'il se souciait trop de son indépendance et de sa sécurité pour entrer dans un parti dont son bon sens lui aurait autant fait blâmer les exagérations qu'il aurait eu à redouter les violences de l'autre.

Si l'homme sut se désintéresser des passions soulevées autour de lui par la question religieuse, le cœur du poète ne resta pas toujours aussi insensible, et « le malin Cupidon » lui décocha parfois ses traits les plus cruels : sa belle « Amarante » ne lui fut que trop souvent cruelle, et souvent il regretta de s'être laissé vaincre par son « angélique ains sévère beauté » et pleura « sa belle liberté » qu'il avait perdue, et sa « franchise première ».

Le village solitaire où Béreau charma ses loisirs, en chantant les beautés de la nature et les rigueurs de l'amour, nous est resté complètement inconnu. Tout ce qu'on en sait, c'est qu'il était situé sur les bords pittoresques du Lay, où il faisait sans doute partie d'une des petites seigneuries que la famille du poète possédait dans ces parages : peut-être est-ce Burbure[1] même ? C'est là que Jacques Béreau,

---

1. Cette hypothèse est d'autant plus admissible que Burbure est tout près de la source même du petit Lay, dont parle Béreau.

sentant tout le bonheur qu'on éprouve à savoir se tenir en dehors de tout ce qui fait le tourment du commun des mortels, passa le reste de ses jours à consacrer à la poésie le temps que lui laissaient les nombreuses occupations de la vie rustique.

Jacques Béreau suivit la tendance de son siècle, qui portait tous les esprits cultivés vers l'étude de l'antiquité. S'étant « tousjours senti piqué de l'amour des plus douces lettres et surtout de la poésie », il se livra avec ardeur à la lecture des poètes grecs et latins, et ne tarda pas à s'éprendre d'un véritable amour pour les beautés de la littérature ancienne. Virgile et Ovide étaient ses poètes préférés : il aimait Virgile, parce qu'il avait chanté les plaisirs de la vie rustique ; Ovide, en répondant aux sentiments intimes de son cœur, lui fut également cher. Aussi leur souvenir se retrouve-t-il à tout moment sous sa plume.

La première partie des œuvres de Béreau se compose de dix églogues, dans le genre des *Bucoliques*, sans être cependant une imitation servile des pastorales du cygne de Mantoue, bien au contraire, et si, dans la troisième Églogue, nous retrouvons textuellement traduit le *O fortunatos nimium sua si bona norint agricolas* des *Géorgiques*, et dans l'Églogue VIII l'épitaphe de Daphnis : *Formosi pecoris custos, formosior ipse*, que le pasteur Merlin demande qu'on grave sur son tombeau, ce ne sont ailleurs que de fugitives réminiscences, qui, loin de diminuer la valeur de ses vers, ne font que leur donner une certaine saveur d'antiquité. Ovide non plus n'est pas oublié, et dans l'Églogue IV, dédiée à Charles de Belleville[1], Béreau reproduit la ravissante fable de la nymphe Syrinx, qui, pour échapper aux poursuites du dieu aux jambes de bouc, obtint de ses sœurs d'être changée en roseau. Dans sa septième Églogue, il fait une description de l'âge d'or où reviennent à chaque vers des souvenirs des *Métamorphoses*.

Toutes les fois que Béreau a chanté l'amour, il l'a fait avec un rare bonheur, et à côté de la plainte touchante qu'il met dans la bouche du malheureux Daphnis, déplorant les rigueurs de sa chère maîtresse, on peut citer ce début de l'Églogue VI, dont la naïveté charmante ne serait pas indigne de Ronsard :

> Vray est, Phillis, que le peuple commun
> Dit que tu as un petit le teinct brun ;
> Mais ne sçait-il les plus belles fleurettes
> Par les jardins estre toutes brunettes?

---

1. Charles Harpedenne, chevalier, seigneur de Belleville, Chantonnay, Sigournais, Puybelliard, Beaulieu, Saint-Flayve, La Roche-sur-Yon, etc....., chevalier de l'ordre du Roi, capitaine de 50 hommes d'armes, était le père de Claude de Belleville, dont Béreau a composé l'épitaaphe. Il descendait en ligne directe de Jean Harpedenne, chevalier, seigneur de Belleville, et de Marguerite de France, dite de Valois, fille naturelle de Charles VI, et d'Odette de Champdivers, *la Petite Reine*, légitimée en 1427.

La note est ici toute personnelle : tout en s'assimilant, pour ainsi dire, ses poètes préférés, Béreau ne cesse pas de conserver, avec un soin qui n'a rien d'emprunté, son originalité propre. Écoutez-le, en effet, quand le berger ne fait plus entendre ses plaintes touchantes, décrire les passe-temps en usage dans le Bocage poitevin et les plaisirs de la chasse et de la pêche : Quand vient la saison, on prend au lacet les perdrix et les « sottes becasses » ; on chasse les « regnars » et « tessons », qu'on enfume dans leurs terriers, puis, pendant les chaleurs, après avoir pêché « le brochet, le dard ou le barbeau » sur le bord d'un étang profond, on se retire sous les ombrages frais, et l'on mange de la salade, en l'arrosant du meilleur vin du cellier paternel.

Si les malheurs de la guerre civile n'imposèrent pas complètement silence à la lyre de Béreau, le poète sut aussi montrer que le cœur d'un patriote ne saurait toujours rester muet, et celui qui chantait les plaisirs de l'amour et de la vie champêtre, trouva aussi des accents émus pour pleurer les calamités qui fondaient sur sa patrie, et pour maudire la guerre qui ensanglantait le monde de ses horreurs. Aussi, avec quelle joie n'accueillit-il pas la nouvelle de la paix de Cateau-Cambrésis, à laquelle il consacre sa dixième Églogue ! Il va même jusqu'à mettre dans la bouche de Dieu la promesse d'une paix « durable ! » Malheureusement ses prévisions ne se réalisèrent pas, et trois ans plus tard, il reprenaît la plume pour écrire sa « complainte » sur la guerre civile. Puis, les troubles s'étant un peu apaisés, il chanta de nouveau les douceurs de la paix. Il ne se doutait pas, hélas! des malheurs que l'avenir réservait à son pays, et sa mort prématurée l'empêcha sans doute d'être le témoin des nouvelles misères qui désolèrent la France.

Il était de mode chez les écrivains du XVIᵉ siècle de dédier leurs œuvres à quelque grand seigneur : ils espéraient par là s'attirer des faveurs dont ils étaient loin souvent d'être dignes, et il n'y avait pas de si méchant rimeur qui ne s'empressât de dédier quelque pièce de vers au roi. Béreau subit quelque peu cette influence, et, malgré un grand amour de l'indépendance, il ne crut pas être inconséquent avec lui-même, en faisant hommage de ses Odes à des personnages dont il se plaisait à chanter les vertus et le mérite, tels que « Mgr de Martigues, messire Bastien de Luxembourg, chevalier de l'Ordre, gouverneur et lieutenant pour le roy en Bretaigne, Mgr de Roïan, Georges de la Trémoille[1], Mgr le comte du Lude, messire Guy de Daillon, chevalier de l'Ordre, gouverneur et lieu-

---

1. Georges de la Trémoille, baron de Royan et d'Olomne, seigneur de Saujon, Kergourlay, Aspremont, Pleslo, Boussac, Gençay, qui devait être deux fois député de la noblesse du Poitou aux états de Blois en 1576 et 1577, et grand sénéchal de Poitou, épousa en 1563 Madeleine de Luxembourg, fille de François, vicomte de Martigues, et de Charlotte de Bretagne.

tenant du roy en Poictou, Mgr des Roches-Baritaud, Philippe de Chateaubriand[1], René Guyot, archidiacre et official de Luçon ».

L'Ode V, dédiée à Jehan Le Tourneur, toute pleine de souvenirs mythologiques, emprunte un intérêt particulier à la description qu'y fait Béreau d'un fruit dont la culture est encore généralement répandue dans cette partie de la Vendée, et qui posséderait, d'après lui, des propriétés qu'on utilisait autrefois. Les trois dernières odes sont imitées de Boëce.

La « gaieté[2] » et les trois petites chansons qui suivent peuvent être, à juste titre, considérées comme les plus fines perles de l'écrin de Béreau. Tout en restant marquées au coin d'une originalité personnelle, elles rappellent, par leur tour charmant et gracieux, les plus délicates productions de Clément Marot. Béreau a aussi écrit quelques morceaux détachés : un mélancolique *Adieu à l'amour*, le *Ravissement d'Hyllas*, une des fables les plus touchantes de la mythologie, et l'*Histoire d'Hippomène et d'Atalante*, empruntée en grande partie à une des *Métamorphoses* d'Ovide. L'Épitaphe de

---

[1]. Philippe de Chateaubriand fut, pendant les guerres de religion, un ardent défenseur du catholicisme.

[2]. Dreux du Radier dit qu'on donnait au XVIe siècle le nom de « Gaietés » à des pièces de vers, où le poète, sortant de sa retenue habituelle, se croyait permis de débiter des plaisanteries rien moins que décentes.

Mgr Claude de Belleville[1], la dernière de ces pièces détachées, est assurément une des meilleures productions de ce genre, où la mort d'un personnage de renom était l'occasion, pour les moins experts, de composer, en l'honneur du défunt, de pompeuses épitaphes rimées, dont la forme ne présentait en général qu'un très médiocre intérêt.

Dans un siècle où la fantaisie d'un poète, ou, pour parler comme Despréaux, le « bizarre Apollon » lui-même dicta du sonnet « les rigoureuses lois », il est tout naturel qu'un grand nombre de versificateurs se soient exercés dans un genre qui ne

---

1. Nous reproduisons ici, avec l'autorisation de M. Dugast-Matifeux, la notice biographique de Claude de Belleville, qui accompagnait les extraits des œuvres de Béreau, publiées, il y a quelques années, dans un journal de Fontenay :

« Claude Harpedenne, dit de Belleville, seigneur dudit lieu, de Cosnac-sur-Gironde, de Chantonnay, Puybelliard, Sigournais, etc....., fils aîné de Jean de Belleville et de Jacquette de Sainte-Flaive, était né au commencement du XVIe siècle, et mourut en 1564. Il embrassa d'abord le calvinisme, ainsi que son frère Jules, dit l'Anguiller; mais il paraît l'avoir abandonné sur la fin de sa vie, tandis que celui-ci y persévéra jusqu'à ses derniers jours. Claude composa du moins, en 1562, un écrit pour s'opposer à ce que ses anciens coreligionnaires se compromissent, à l'instigation des princes collatéraux, dans une levée de boucliers, et les ministres eurent, dit-on, bien de la peine à le réfuter. » (Voir le *Supplément au Traité des Édits* du père Thomassin, de l'Oratoire, par le père Borde, son confrère, p. 183.)

devait être accessible qu'aux plus habiles. Béreau s'y essaya comme les autres, et non sans succès. Nous lui devons quarante sonnets, fort bien tournés, sur les sujets les plus différents. Ils sont dédiés, en grande partie, à de grands et illustres personnages, tels que Ronsard, du Bellay, Élisabeth de France, ou bien à des savants, à des parents, à des amis, comme Brisson, Le Sage, Le Bacle, Chopin, Tiercelin, Lancelot Voisin, Le Tourneur, Ranfray[1], Moussiau, Bourdigalle[2], Duchesne, Béranger, Laurans, David et Martin.

Telle est, sans en rien omettre, l'œuvre de Jacques Béreau, ou, du moins, tout ce que nous en connaissons aujourd'hui. Sans doute, il a dû écrire d'autres vers qui ne nous sont pas parvenus, soit qu'il les ait jugés indignes d'être imprimés, soit par tout autre motif. Nous sommes d'autant plus autorisés à le supposer, qu'à la fin de l'Ode I, dédiée à messire Bastien de Luxembourg, il dit expressément :

> Mais de tes gestes je remés
> Le chant ailleurs, et un beau livre

---

1. Jean Ranfray, élu de Marueil, qui épousa Gillette Voisin, sœur de Lancelot-Voisin de la Popelinière, et devint ainsi le cousin de Jacques Béreau.

2. Ce Bourdigalle ou Burdigalle, seigneur de l'Audonnière, qui était des environs des Sables-d'Olonne, n'est autre que René de l'Audonnière, capitaine d'un navire de guerre au service du roi, en 1562, qui tenta un essai infructueux de colonisation en Floride.

> Faire j'en veux, qui à jamés
> Maugré la mort te fera vivre.

Cette promesse, toute sincère qu'elle pût être, ne fut, à ce qu'il paraît, jamais réalisée, et cette circonstance nous est un indice de plus qu'une fin prématurée et inattendue enleva le poète poitevin à ses plus chères affections.

Les différents morceaux, qui composent les œuvres poétiques de Béreau n'occupent évidemment pas, dans l'édition originale, un ordre chronologique. Ses pièces de vers, en effet, lui furent toujours dictées par l'inspiration du moment, et, dans son premier sonnet, le poète a bien soin de nous dire que, loin d'avoir jamais eu le courage ou la prévention d'écrire une œuvre suivie, il n'a eu d'autre préoccupation que de contenter son esprit, en choisissant les sujets qui lui plaisaient le plus, et « en escrivant pesle-mesle ».

Quant à vouloir assigner une date précise à chacune de ses pièces, ce serait, à notre avis, s'exposer à de nombreuses erreurs. Cependant, d'après Béreau lui-même, on peut affirmer que les pièces, dans lesquelles l'imitation des anciens est le plus apparente, datent pour la plupart de l'époque où il s'éprit d'un si grand amour pour les poètes grecs et latins, à l'imitation desquels, dit-il, il s'est souvent efforcé « d'escrire et composer plusieurs vers », c'est-à-dire au moment de son séjour à Poitiers et à celui de son retour au milieu de ses champs bien-aimés.

Jacques Béreau, comme bien d'autres, eut des heures de découragement. Si, à l'exemple de Virgile, qui voulut, en mourant, qu'on brûlât son *Énéide*, il ne songea sans doute jamais à faire subir le même sort à ses écrits, il ne s'en plaint pas moins amèrement qu'Apollon ne lui ait jamais fait sentir « sa divine fureur ». Malgré ce douloureux aveu, on ne peut cependant refuser tout mérite à l'aimable chantre du Lay, et sa modestie ne le rend que plus estimable et plus sympathique. Ses écrits sont le miroir de sa vie, et jamais on ne saurait mieux se pénétrer de la justesse du fameux aphorisme de Buffon qu'en relisant ses œuvres. « Tantost je ris et chante, et puis tantost après je me plains et lamente »; il prend les choses comme elles arrivent, en philosophe : s'il est triste, ses accents deviennent plaintifs; mais, en revanche, s'il est gai, son vers est souriant comme son âme.

A côté des qualités du poète aimable et du versificateur habile, il en est d'autres que Dreux du Radier fait ressortir avec cette justesse de goût qui caractérise la plupart de ses critiques : c'est la douceur et l'aisance de son style, et l'absence de toute prétention dans la facture de son vers : « On peut le lire, dit-il, sans savoir le grec, et sans avoir pâli sur les scoliastes [1]. » Il est en effet remarquable

---

[1]. Dreux du Radier fait ici allusion au style du « prince des poètes françois », dont Boileau accusa plus tard la Muse d'avoir parlé en français, grec et latin.

que celui qui avait un si grand culte pour l'antiquité, et qui vivait à une époque où il était à la mode de faire parade de son érudition, ait écrit d'une façon si simple et si facile. Béreau était de ceux qui s'enrôlèrent sous la bannière de cette jeune génération, studieuse et ardente, dont parle Sainte-Beuve, « qui s'était levée en silence, soumise à la forte discipline des érudits, et qui se prenait à la fois d'une admiration jalouse pour les chefs-d'œuvre antiques, et d'une vive compassion pour cette langue maternelle jusque-là si délaissée. » Le seul reproche qu'on puisse lui adresser, c'est d'avoir trop souvent abusé de l'inversion, et d'avoir nui par là à l'élégance de sa phrase et à la clarté de sa pensée.

Quant à son orthographe, elle est absolument indécise, et resta étrangère à la grande réforme tentée par Mairet, Ramus et Pelletier du Mans, qui ne fit du reste son apparition que peu de temps avant l'impression des œuvres de Béreau.

Le XVIᵉ siècle fut tellement fécond en poètes, qu'on ne saurait attribuer au dédain le silence complet que les historiographes de cette époque ont

---

Sainte-Beuve, entre autres, a fait justice de notre temps de ce jugement sévère, en citant les paroles mêmes du vieux Ronsard : « Mes enfants, je vous recommande par testament que vous ne laissiez point perdre ces vieux termes, que vous les employiez et défendiez hardiment contre les marauds qui ne tiennent pas élégant ce qui n'est point écorché du latin et de l'italien. »

gardé sur quelques-uns d'entre eux, qui, tout en jouissant, pendant leur vie, d'une certaine notoriété, ne furent peut-être pas toujours indignes de la gloire à laquelle ils auraient pu aspirer. Jacques Béreau est de ce nombre, et, s'il est permis de croire que le profond oubli dans lequel il est tombé doit être imputé, en grande partie, à ses goûts casaniers et à son insouciance, il est juste de reconnaître qu'il fut aussi habile à tourner un vers que la plupart de ses contemporains, et que ses œuvres valent mieux que de passer à l'état de rareté bibliographique.

Qu'il nous soit permis, en terminant, d'adresser nos remerciements les plus sincères à M. Th. Arnauldet, bibliothécaire de la ville de Niort, qui nous a guidés si obligeamment dans nos recherches, et à M. Dugast-Matifeux, dont les bienveillantes et savantes communications nous ont été dans ce travail d'un si précieux secours.

Hovyn de Tranchère et René Guyet.

LES ÉGLOGUES
ET AUTRES ŒUVRES POÉTIQUES
DE
JACQUES BÉREAU
POITEVIN

De vostre honneur comme luy semblera :
Quant est de moy, je jure qu'ay envie
De vous servir tous les jours de ma vie.
Le fromis est aimé d'autre fromis,
Le bœuf du bœuf, du mouton la brebis,
Et j'aime aussi, pegasiennes Muses,
Vos lauriers verds, vos chansons precieuses,
Plus que ne font les abeilles le thym,
Ny que les prez la pluye du matin;
Et, si de vous la faveur m'est propice,
Je n'ay pas peur des poisons de la Cyrce.

Merlin premier dict et chanta ceci,
Et Théophil' luy respondit ainsi :

Le tems qui court est tout rempli de vice,
D'ambition, d'envie et d'avarice,
Qu'esbahi suis comme si longuement
Il peult durer, que chacun element
De son devoir coutumier ne se fache,
Et le soleil sa lumiere ne cache
A ce bas monde, ord et malicieux,
Et qui commence à deffier les cieux,
Renouvellant celle ancienne guerre
Des fiers géans, les enfans de la terre.
Il n'y a plus aux hommes de pitié,

Il n'y a plus aux hommes d'amitié :
Bannie est d'eux la bienheureuse Astrée ;
Paix ne paroist en aucune contrée :
Rancune, orgueil, trahison et debas,
Fraude et envie, ont de ce peuple bas
Chassé la loy, si que nulle figure
De l'equité maintenant n'y demeure.
Partout chemine en peur le voyageur,
Et l'hoste n'est chez son hoste bien seur ;
Le filz machine en cachette à son pere
Quelque dommage, et le frere à son frere :
Tel fait semblant qu'il est bien mon amy,
Qui ne congnoist un plus grand ennemy.
Sur Jupiter de Saturne domine
La triste faulx, qui de lente famine
La terre opprime, et de dissention,
De pleurs, de sang, de tribulation,
Dont plaist à Dieu chastier la luxure
Du genre humain, l'adultere, l'usure.
  Le blond Phœbus, de despit qu'il a eu
De voir les maux qui regnent, disparu
S'est de nos champs, et sa sœur sa trompette
En a cassé sur le mont de Taigette.
Son arc qui feit mourir ours, léopars,
Cerfs et lions, est en pieces épars.
Pan a quitté sa musette gentille,
Dans les rameaux d'un chesne elle pandille :

Il a juré qu'il ne l'en tireroit
Tant que ce tems malheureux dureroit :
Plus ne voyons ny dancer les Naïades,
Ny les Sylvains, ny les Hamadriades.
Nous ne sçavons où les Faunes cornus
S'en sont allez, ne qu'ilz sont devenus :
Nos bors sont plains, sans plus, d'horreur et crainte;
L'antique joye y est morte et esteincte.
 Pasteurs, pasteurs, si voulez faire bien,
Prenez égard à qui de vostre bien
Doresnavant vous donnerez la garde,
De vos troupeaux j'entens! Qui y regarde
Fait sagement. Les gardes au plaisir
Vaquent seul'ment, et tandis, à loisir,
Le loup goulu, que dure faim surmonte,
Pille et ravit la plus belle du conte.
 Qu'avous, brebis? Avous dueil du belier,
Que les larrons deroberent l'autre-hier
En vostre taict, aux rais de la nuict claire?
Car vous n'avez faict depuis bonne chere.
O tems, ô meurs! Helas! brebis, je crains
Que mesmes vous ne puissiez de leurs mains
Vous eschapper. Ilz dérobent la gerbe
Sur les sillons, et dedans les prez l'herbe;
Ilz se prendront à vous, et aux taureaux
En fin : ainsi vivoient les pastureaux
Au tems qu'Hercul passa par Hesperie

De Gerion la riche bergerie
Par luy conquise aux Iberiens champs.
   Mais plus vivons, plus croissent les méchans :
Car quand veit-on en si perilleux doute
Du Dieu souv'rain languir la terre toute,
Qui ne sçait plus qu'elle doit adorer?
L'un est qui veut un Dieu seul honorer,
L'autre cent dieux en son cœur se propose,
Et l'autre encor, sans religion, oze
Dire et penser que les songes menteurs
Ont de tous Dieux esté les inventeurs.
O Dieu, qui feis et le ciel et les nues,
Qui feis la terre et les ondes chenues,
Vueille du mal les malins retirer
Et les errans au droict chemin tirer;
Ne permés, Dieu, qu'en l'erreur je me fonde
Auquel je voy s'obstiner ce fol monde.
Seigneur, c'est toy, et je n'en doute rien,
Qui fais en moy du bien, s'il y a bien :
C'est toy qui fais que ma vigne soit belle,
Et qui deffens mon ousche de la gresle;
Mes vaches fais tousjours seures errer
Par mons et vaux, sans jamais s'égarer;
Trouver leur fais pasture en suffisance,
Si que tousjours j'ay de laict abondance
Aussi je veux sans fin ton nom chanter
Sur mon flageol, le sonner, l'exalter.

Mais fay, Seigneur, que ton espoir m'inspire,
Car rien de bon sans luy je ne puis dire.

Ainsi meit fin Théophille à son chant,
Puis à Merlin d'un petit chien couchant
Il feit present : ce petit chien de taille
Estoit fort beau, et n'y avoit ny caille,
Ny perdriau, qui soudain ne fust pris
Avecques luy faitif et bien apris.
Merlin aussy luy en feit recompence
Et luy donna un mastin de puissance
Cedant à nul, qui prenoit le sangler,
Et qui souloit les grands loups estrangler.

EGLOGUE II

DAPHNIS.

Daphnis, berger dedans nos bois connu,
Estoit d'amour quasi fol devenu,
Et l'embrazoit d'ardeur continuelle
Le souvenir de Janette; mais elle,
Qui n'avoit oncq' éprouvé la rigueur
Du feu d'amour, ains qui avoit le cueur
De glace plein, ne faisoit aucun conte
De son tourment, dont la rage qui donte
Tout pauvre amant souvent luy feit parler,
Parmi ces vaux, telles plaintes en l'air :

Ah! ah! Janette, impiteuse Janette,
Ta cruauté, ta rigueur toute aperte,
Me fait mourir. Las! que pernicieux
Me fut ce jour que devant tes beaux yeux,
Object fatal de ma peine future,
Me presenta ma destinée dure,
Car dans iceux Cupidon se cacha,

Et sur mon cueur cent traitz en décocha,
Desquels s'y est une chaleur conceue,
Qui boit mon sang, ainsi qu'une sansue,
Et qui fera ma substance tarir,
S'il ne te plaist bientost me secourir.
Depuis, je sens ma raison égarée;
Depuis, je vei une vie éplorée,
Par ce seul'ment que tu as en mespris
Tout mon devoir, mes sanglos et mes cris.
Depuis, j'apprends, helas! à mon dommage,
Que c'est d'amour : amour est une rage
Qui nous combat d'un mal continuel;
Et Cupidon, le dieu d'amour cruel,
Suça jadis la tetasse felonne,
Comme je croy, d'une rousse lyonne.
Je ne croy pas que jamais alaitté
L'ait de Venus la celeste beauté :
Car, si Venus de luy esté commere
Eust, il tiendroit la douceur de sa mere.
Cet inhumain allume en moy un feu
Qui fondre fait de mes os peu à peu
La moelle, ainsi que la neige subtille
Aux raiz ardens du soleil se distille.
Et toutesfois ce feu aspre et nuisant
Aimer me fait, comme doux et plaisant,
Ne sçay comment, ta beauté que j'admire :
Car, nonobstant qu'il me tue et martire

*Cruellement, toutesfois en sortir
Je ne pretens, tant un doux repentir
Ce m'est t'aimer. Autour de la chandelle
Le papillon volle, épris de la belle
Clarté qui part du beau raion luisant;
Et, bien qu'il ait senti du feu cuisant,
Une et deux fois, le danger qui l'aguette,
Pourtant ne laisse encor la pauvre beste
A y tourner, et son pressant destin
L'y mene tant qu'il y meurt à la fin.
Helas! je suis au papillon semblable,
Et long temps a que la plaie incurable
Je sens au cueur que me feirent tes yeux;
Mais toutesfois rien ne m'agrée mieux,
Et si prevoy que de moy poursuivie
Tant tu seras que je perdray la vie
En esperant pour néant t'émouvoir
D'avoir pitié de mon humble devoir.
  Ah! Janette, ah! ne sois point si cruelle,
Car, si tu veux d'une amour mutuelle
Me bien-heurer et la ville quitter
Pour t'en venir avecq moy habiter
Le doux sejour du village champestre,
Je ne veux pas demi-dieu au ciel estre.
Et sçais-tu bien, Janette, qui sera
Le doux ébat qui nous amusera?
Soir et matin, de bocage en bocage,*

Tous deux irons écouter le ramage
Du rossignol, du linot et pinçon,
Qui nous diront mainte belle chanson.
Si l'as à gré, nous irons à la chasse,
Or du levraut, que suivrons à la trace,
Or du chevreuil, qui sera souvent pris,
Avec nos chiens isnelz et bien apris;
Les petits fans, jusques dans leurs repaires,
Nous ozerons dérober à leurs peres
Secrettement, dans le fort des buissons;
Nous fumerons les regnars et tessons
Dedans les creux de leurs caches tortues;
Nous tenderons des lacez pour les grues;
En la saison, les merles et mauvis
Arrestera nostre araigne tous vifz;
Et les perdrix et les sottes becasses
N'échaperont noz engins et tiraces.
En la saison, moy portant l'aubereau
Dessus le poing, toy un double gluau
Pendu au bout d'une canne longuette,
Nous englurons la tremblante allouette;
Puis, quand serons de la chasse bien las,
Je te diray : « Ma mignonne, ici-bas,
Asséons-nous dessus la molle herbette. »
Là nous dirons mainte naifve sornette,
Chassant bien loing tristes soucis de nous.
Là, reposant dessus mes deux genoux,

Tu me donras de ta bouche surrine
Mille baisers, d'odeur plus que divine,
Qui me feront excellemment heureux
A tout jamais entre les amoureux.
   Parmi nos chams tout est plain de fleurettes,
De bassinetz, d'oilletz, de violettes,
Dont maint bouquet, témoing de mon amour,
Je te feray, et les pasteurs d'autour,
Telz nous voyans vivre d'amour unie,
Diront adonc : « Vrayement, couple jolie,
Tu es heureuse, et de vous en tout tems
On parlera, car aisés et contens
Tous deux vous joint une amour compassée
D'un mesme cueur, d'une mesme pensée. »
   Je porte au doid d'or fin un bel anneau
Qui est pour toy; en cage un étourneau
Je t'apprivoise, et encores te garde
De blans pigeons une couple mignarde.
Mais c'est en vain, et seulement le son
D'Écho respond à ma triste chanson.
Tu ne veux pas abandonner ta ville :
Pour toy seroit la demeure trop vile
Des champs deserts; tu dédaignes loger
Dessous le taict d'un rustique berger :
Ce te seroit (ainsi le dis-tu) honte;
Digne tu es d'un marquis ou d'un comte.
Helas! chetif, qui m'a faict aspirer

A si grand bien ? Qui m'a faict desirer
De monter là où je ne puis atteindre ?
Car c'est de toy surtout qu'il me faut plaindre,
O fol desir, qui me montes si haut,
D'où tout à plat choir à terre il me faut,
Pour autant qu'est de verre mon eschelle,
Et que de cire est collée mon aisle,
Et qui reviens mon aisle recoller,
Quand le soleil l'a dissoulte par l'air,
Et qui refais mon eschelle cassée,
Si que ne puis voir ma cheute cessée.

   Janne, je sçay ta grand' perfection,
Qui à plusieurs donne admiration ;
Et mesmement à moy qui en endure
Plus de mal qu'onc n'endura créature ;
Mais le sejour des chams et bois ramez
N'est à blasmer, car ilz furent aimez
Des puissans Dieux : toute forest resonne
Encor du nom du Dieu, filz de Latonne,
Qui fut berger, gardant sur les couppeaux
Thessaliens d'Admete les trouppeaux.
De Jupiter la majesté celée
Aima les chams, les bois et la vallée,
Où le Troyen Ganimede l'ardoit,
Quand les aigneaux de son pere il gardoit.
Combien de fois hanta la Lune amie
D'Endymion la montaigne Latmie ?

Combien de fois Ericine a dormi
Entre les bras d'Anchise, son ami,
Et avecq' luy touché le long des ondes
De Simoïs les vaches vagabondes ?
   Doncques, les Dieux, bois et bergers en pris
Ont eu, et toy tu les as en mespris,
Qui mon amour orgueilleuse dédagnes,
Par ce que suis pasteur en ces montagnes,
Et qui veux veoir de ma vie le cours
Bien tost à bout, par faute de secours.
Bien, je mourray, puisque tu as envie
Qu'il soit ainsi, puisque tu as ma vie
A deplaisir : aussi bien l'homme né
Est pour mourir; ainsi l'a ordonné
Le jugement de la sage nature.
Aprés ma mort, Janne, par aventure,
Te souvenant de ma ferme amitié,
Avoir pourras de moy quelque pitié :
Lors tu seras, mais trop tard, doloreuse
D'avoir esté vers moy tant impiteuse;
Et si voudras me pouvoir vif tenir
Comme je suis, et pouvoir réunir
A mon corps mort l'immortel de mon ame.
Si ce t'avient, passant prés de la lame
Sous qui seront reserrez en repos
Perpetuel et ma cendre et mes os,
Arreste-toy, et pour la penitence

De ta durté, de ton tort et offence,
Arrose-la, je te pry, de tes pleurs;
Séme dessus ton plein giron de fleurs,
Et dy : « Je perds icy, par ma folie,
Celuy qui, vif, m'aima plus que sa vie. »
   Engrave encor par-dessus ces vers-ci :
« Celuy qui gist soubz ceste tombe icy
De mort fut pris avant qu'il en fust heure,
Par trop aimer une amie trop dure. »

EGLOGUE III

MŒLIBÉE.

De la louange de la vie rustique.

Pasteurs : MAURICET ET GILLOT.

GILLOT.

Mauricet, que fais-tu ? qu'est-ce que tu charpentes ?
Tu travailles tousjours, tousjours tu te tourmentes
Aprés quelque besoigne, et jamais, ni le soir
Te voit, ny le matin, en oisiveté seoir.
Si ethique tu es, je ne le treuve estrange,
Si maigre, et mal en poinct, l'avarice te mange.

MAURICET.

Je ne suis d'avarice époinct, mais je mourrois,
Gillot, si tout oiseux un jour je demeurois.
J'ai faict à ce matin, depuis l'aube sonnée
Par le chant de noz coqs, un manche à ma coignée;
Aprés j'ay estrillé et faict boire mes beufs ;
Puis ay tiré du foing, que j'ay mis devant eux.

Ce à quoy maintenant tu vois que je m'amuse,
C'est un joug, mon Gillot, que je dole et chapuse,
Pour aprendre à tirer deux beaux jeunes taureaux
Que j'ay dedans mon taict encores tout nouveaux.
Je ne suis celuy-là qui se plaist à rien faire,
Je treuve à m'apliquer tousjours bien quelque afaire.
D'où viens-tu maintenant ?

GILLOT.

Je viens de voir les blés.

MAURICET.

Qu'en dis-tu ?

GILLOT.

Aperceu j'en ay mou de nublés,
Et si hier au soir ce tempesteux orage
Qui tumba y a faict un merveilleux dommage.

MAURICET.

Ce n'est un cas nouveau, ainsi communement
Avient qu'aprés avoir travaillé longuement,
A l'heure que pensons recuillir bonne année
D'huilles, de blez, de foings, de fertille vinée,
Voici le froid, le chault, les mauvais vens venir,
Ou l'orage gresleux, qui nous fait devenir
A rien tout notre espoir.

GILLOT.

Il me semble, à vray dire,
Que Dieu prend son plaisir, lançant d'en haut son ire,
A nous persecuter et nous rendre indigens,

Nous, pauvres laboureurs, par sus tous autres gens.
MAURICET.
Si ne faut-il, Gillot, pas entrer en colere
Pour cela contre luy, qui regist et tempere
Tout ainsy qu'il luy plaist, car sa grande bonté
Nous donne encores mieux que n'avons merité.
GILLOT.
Il est vray ; mais regarde aux estats de ce monde,
A part toy, Mauricet : dessous la sphere ronde
Il ne s'en treuve point (et, si or je m'en plain,
Amy, pardonne-moy) de miseres si plain
Et de maux que celuy du laboureur champestre.
Nous n'avons nul plaisir, tousjours il nous faut estre
Au froid ou bien au chault, voires le plus souvent
Nous fault coucher dehors, à la pluye et au vent ;
Et or que soit commune au bien de tous les hommes
Nostre peine, pourtant, malheureux que nous sommes,
Et au lieu que devrions estre favorisez,
Nous sommes d'un chacun foulez et mesprisez.
Le gendarme pillard nous outrage, et par force
Gourmande nostre bien ; le cault marchand s'efforce
Nous tromper où il peult, et l'advocat s'esbat
A nous entretenir en procés et debat,
Pour avoir nostre argent. Mauricet, que t'en semble ?
Serons-nous point tous deux d'un mesme advis ensemble ?
MAURICET.
Gillot, si nous avons mal, travail et souci,

Nous avons du plaisir et du bon-heur aussi :
Voires, est nostre mal bien peu, si consideres
D'autres estats mondains les diverses miseres,
Et oncq pour malheureux certes je ne tiendray
L'estat des laboureurs, tant que me souviendray
Du prudent Mœlibée, et tant que souvenance
J'auray des divins vers qu'un jour en ma presence
Il chanta, dont il feit ces couteaux esbahir,
Qui eurent avecq' moy le bon-heur de l'ouir.
Mais c'est, tu le sçais bien, maladie commune
Que l'homme n'est jamais content de sa fortune,
Ains de celle d'autruy est tousjours envieux.
Ce que je dy pourtant ne te soit ennuyeux,
Car je ne le dy point affin qu'il te desplaise.
             GILLOT.
Non fait-il, Mauricet, et si serois fort aise
De t'oïr maintenant ces beaux vers reciter :
Mœlibée passoit tout autre à bien chanter,
Et rien il ne sortoit de son stille admirable,
Et de sa douce voix, qui ne fust memorable.
O que cruelle mort grand dommage aporta
Aux chams d'ici autour, quand elle nous l'osta !
             MAURICET.
Mœlibée estoit plein de grande experience ;
Sur tout autre berger il avoit la science
De tout ce qu'ont écrit les Grecz et les Latins ;
L'influence il sçavoit des hauts astres divins,

Les monumens des cieux et leur architecture ;
Il sçavoit sur le doid les secrets de nature,
Des herbes la vertu, et pour quelle raison
Aux negoces ruraux est propre une saison
Plus que l'autre ; il sçavoit les bons jours de la lune,
Et sçavoit à quelz jours elle est plus importune ;
Il sçavoit du soleil le tour rond et parfait,
Il connoissoit les vents et sçavoit d'où se fait
La gresle et le tonnerre. Aussi, de dueil qu'ilz prirent
De sa mort, noz beaux chams tous arides fanirent.

GILLOT.

D'un curieux desir attendant tu me tiens :
Je te pry, dy ces vers, au moins si t'en souviens.

MAURICET.

Je suis aprés, amy, mais attens que j'y pense :
Y pensant, j'en auray plus certaine asseurance.
Tandis allons nous seoir sous ce fresne ombrageux,
En franchise serons du serpent outrageux :

Que nature sur tous bien-heureux a fait naistre
Le laboureur des chams, s'il sçavoit le cognoistre !
Comme le courtizan des princes et seigneurs,
Par cent mille travaux il ne quiert les faveurs,
Et n'a peur que de l'un l'ennuyeuse malice
Luy oste en un moment le loyer du service
Qu'il a avecq' devoir fait en ses jeunes ans.
La cure et le soucy d'affaires importans,

Qui aux villes l'esprit des magistratz consomme,
Ne luy fait comme à eux la nuit perdre son somme;
Il ne se voit soumis au perilleux hazard
D'avoir le cors navré pour gaigner le rempart
D'une ville ou d'un fort, ainsi que le gendarme,
Qui, oyant entonner sur le fifre l'alarme,
Y court, et terrassé y demeure souvent;
Il ne se donne en proye à la fureur du vent,
Comme fait le marchant, qui pour néant lamente,
N'ayant plus le moyen d'échaper la tourmente;
Il n'a l'esprit tendu au soing d'aller querir
Les perles d'Orient; il n'a soing d'acquerir
Et villes et chasteaux, de mandier offices,
De courir au Palais, de briguer benefices.
 Ainsi passent plusieurs, avecques mille ennuyz,
Par infinis dangers, et les jours et les nuictz,
Cerchans je ne sçay quoy qu'ilz appellent richesse;
Mais le bon villageois, content de la largesse
Que luy donnent ses chams, tout son soing et desir
Est de les cultiver : en eux est son plaisir.
Il y porte fiant, il les leve, et de graine
Les seme bien curés; il s'efforce et met peine
De tenir le blé net, que dedans il a mis;
Il en tire dehors les chardons ennemis;
Il regarde joyeux sa riante verdure
Em tuyaux se hausser et croistre d'heure à heure,
Ainsi se herisser en épy florissant,

Qu'est le cancre étéal peu à peu meurissant ;
Et puis, quand il est meur, en gerbes il le plie,
Et l'aporte dans l'aire, où il separe et trie
De la paille le grain, sans repos assuré
Jusques à ce qu'il soit en son grenier serré.
Tantost dans son jardin pour son usage il plante
Sauges et lizobiers ; tantost par ordre il ente
Dedans des sauvageaux un poignant chateignier,
Un poirier, un pommier, un guindoux, un prunier.
O Dieu ! de quel plaisir son ame est satisfaicte
Quand il gouste du fruict de l'ente qu'il a faicte !
Ore il seme épinas, coucombres et poupons,
Et lettues, et choux, feubves, poix et oignons ;
Or, de fumée armé, et d'un linge en sa teste,
Le verras dérober les tresors de l'avette,
Qui murmure bien fort, et crie tout au tour
Cependant qu'on luy pille et saccage sa tour.
Diray-je le proffit que de ses vaches pleines
Ou de veaux, ou de let, il reçoit, et des laines
Qu'il tire tous les ans de ses tendres brebis,
Et desquelles il fait ses robes et habitz ?
Encor de toutes fleurs son jardin il émaille ;
Il ordonne en ce lieu la marguerite, il baille
Aux œillez ce quarreau, il met en cestuy-cy
La guiroflée, aprés en cestuy le soucy,
Et en un autre encor l'idalienne rose ;
Puis de toutes ensemble il relie et compose

Guirlandes et bouquets, et chapelez plaisans,
Qu'il donne à sa bergere, aise de telz presens.
Quelquefois il s'en va le long d'un val champestre,
Et là de ses amours, voyant les aigneaux paistre,
Chante plusieurs beaux vers, puis, couché sur le bord
D'un bruiant ruisselet, à la fin il s'endort.
Parfois, se promenant dessus la rive claire
Ou d'un estang profond ou de quelque riviere,
Avecques l'ameçon qu'il jette dedans l'eau,
Il tire le brochet, le dard ou le barbeau.
Aux chaleurs de l'esté, il cerche la frescade;
Quand il est jour de feste, en mangeant la salade
Avecq' ses compagnons, sous un umbreux vollier,
Boit d'autant du meilleur qui soit en son celier.
Avenant la saison du plantureux automne,
Il recuille ses fruitz, et son vin il entonne,
Faisant hault resonner le lien du pressouer
Du nom du bon devis qu'il se plaist de louer.
En l'hiver, quand le ciel de néges nous menace,
Et que les gourdes eaux se roidissent en glace,
Il chasse, et la perdrix o la tonnelle il prend,
Ou l'araigne aux mauvis et aux merles il tend,
Ou avecques ses chiens le lievre il empiette,
Ou à l'aisle d'un bois la becasse il enrette.
Quelle joye à celuy qui, ayant fait devoir
Ainsi le long du jour, s'en revient, sur le soir,
De gibier tout chargé, à sa case rustique,

Où l'attent son ménage et sa femme pudique,
Qui, voyant revenu son cher amy tout las,
Luy apreste un beau feu et luy dresse un repas
De lart, de noix, de choux et de bettes friandes,
Qu'il mange aussi content que d'exquises viandes
Est un prince ou un roy. Et puis, le lendemain
Va porter son gibier au marché, d'où la main
Il ne retourne vuide. O bien-heureuse vie,
Où n'approche jamais l'avarice et l'envie!
Les bons hommes premiers vivoyent jadis ainsi;
Ainsi, ce croy, vesquit le vieux Saturne aussi,
Qui jadis apporta sur la terre fœconde,
Ainsi comme l'on dit, l'age d'or pur et munde.

Tu as, Gillot, ouy les vers qui sont tout d'or
Du prudent Mœlibée; il me souvient encor
Du lieu où il chanta: tous deux dessous un tremble
Nous estions assis ici-bas. Que t'en semble?
                    GILLOT.
O vers dorez et pleins de consolation!
Les oyant, content suis de ma condition,
Et plus aux grans estatz d'envie je ne porte.
Je n'avois point encor compris en telle sorte
Que je fay à present la recreation,
Le plaisir et soulas de l'occupation
Gentille qui esbat la vie bocagere.
Fol! je pensois que fust la fortune et misere

Combatant seulement le pauvre laboureur,
N'ayant des autres oncq' le bon-heur ou mal-heur
Pratiqué comme toy, Mœlibé', qui la terre
De France avois circuy et toute l'Angleterre,
Qui avois veu le Pau, le Tybre et le Thesin,
Qui avois veu encor le Danube et le Rhin ;
Mais tes vers me font voir que fortune cruelle
Par les plus hautz estatz plus fort encor se mesle :
Si qu'en ce monde bas, rien n'est qui exempter
Se puisse de ses coups, ne qui s'oze vanter
Parfaictement heureux. Maintenant, plus je prise
Le doux plaisir des chams que la couronne mise
Sur la teste des rois.

MAURICET.

Gillot, doncques aimons,
Aimons-les, et icy l'heur parfait n'attendons.
Lors nous serons heureux, quand en la verte plaine
Des champs Elisiens, de plaisirs toute pleine,
Nous serons devalez. Là n'ont lieu comme icy
Les procés, la douleur, la crainte et le souci.
Là tout vient à souhait ; là le bon Mœlibée
Maintenant vit heureux, avecq' Alphesibée,
Damœtas et Daphnis, et sous les myrtes vers,
Les tenant par la main, dance au chant de ses vers.

EGLOGUE IV.

PAN.

A Monseigneur de Belle-Ville, Charles de Belle-Ville.

AMOUR, *par sus toute autre, est une passion*
Qui les hommes contient en sa subjection;
Mais il n'est à tout un, et ceux-là qui l'épreuvent
Communement divers et contraire le treuvent,
Car il est à aucuns doux, humain et benin,
Et aux autres il est un horrible venin.
Doux le trouva Paris en Œnone s'amie,
Et doux Endymion dessus le mont Latmie,
Et l'ami de Venus, le mignard Adonis
Aussi doux le treuva; mais autres infinis
Dur et inexorable en leur ame dontée
L'ont senti, mesmement celuy qui Galatée,
Belle, mais inhumaine, invitoit à l'aimer,
Assis sur un rocher tout au bord de la mer.
Phœbus pareillement fit bien experience

De sa grande rigueur, quand, quelque remontrance
Qu'il peust faire à Daphné, de luy elle fuioit
Vers Penée son pere, et ses plaintes n'oioit.
Et en l'ordre de ceux qui ont eu la disgrace
Et defaveur d'Amour faut à Pan donner place,
Duquel icy vous veux les plaintes raconter
Et amoureux souspirs, s'il vous plaist m'escouter,
Seigneur, qui pouvez bien avoir eu la pensée
De l'ardent feu d'amour comme luy offencée,
Car vous n'avez le cueur d'un sauvage rocher.

Ce Pan estoit un Dieu, que venerable et cher
Tenoit toute Arcadie : à luy devot hommage
Rendoyent tous les pasteurs ; il avoit le visage
Luysant comme un soleil, qui vermeil sort dehors
De son lit au matin ; il portoit deux grans cors
Sur le front élevez, et les jambes velues
D'un long poil il avoit, et les pates fourchues,
Ce qui aux regardans estrange le rendoit ;
Longue barbe au menton encores luy pendoit,
Ainsi qu'à une chevre ; une queue bouquine
Roide se herissoit au bout de son échine ;
Son nez estoit camus, et d'une once la peau
De diverses couleurs luy servoit de manteau,
Et, quelque part qu'il fust, une belle houlette
Il portoit en sa main d'un bel olivier faitte.

Ce Dieu, à pied de bouc, tousjours vagabondant,
Brossoit par les forestz, et, d'amour tout ardent,

Partout importunoit des nymphes et naïades
La simple chasteté, et des hamadryades.
Mais la nymphe Syringue au profond de son cueur
Meit sur toute autre un feu d'amoureuse langueur :
L'amour de ceste-cy ses veines et entrailles
Par sur toutes pinçoit de pressantes tenailles,
Car elle estoit gentille, et gueres ne distoit
De la vierge Artemis, sinon qu'elle portoit
Un arc dedans son poing, fait de corne polie,
Et d'or estoit celuy de la vierge Delie.
Or, l'ayant rencontrée un jour qu'ell' descendoit
Du sommet Lycéan, Pan, qui ne demandoit
Chose mieux à propos, allegre se hazarde
Et la veut approcher ; mais ell', toute hagarde,
Et plus peureuse et plus viste à courir qu'un dain,
Se décoche à fuir devant luy tout soudain,
Qui, benin et courtois, sa mignonne l'appelle,
Et, la suivant, ainsi va criant aprés elle :

 Je suis ton serviteur, Syringue, et en mépris
Le service ne mets de ton Pan, que le prix
De ta grande beauté, qui est toute celeste;
Esclave tant que rien de sien plus ne luy reste.
Tant d'ecaillez poissons ne nagent sous les eaux,
Par l'espace de l'air ne volent tant d'oiseaux,
La terre ne nourrist tant de bestes vivantes,
La sphere ne soustient tant d'étoilles luysantes,

*Les sablons si épaix aux rivages ne sont,
Les rameaux aux forests de feuillage tant n'ont,
Comme de passions je sens dedans mon ame
Par toy, dont le secours maintenant je reclame.
Lycée et Pholoé, Menale et Nouacris,
Te peuvent tesmoigner les sanglotz et les cris
Que me fait soupirer l'amour qui me tourmente,
Et Partheinée aussi, Cyllene et Erymante.
 Helas! dessus ces mons le bel ombrage aimé,
Que répand doucement le bocage ramé,
Donne soulagement à mainte créature
Contre le chault d'esté ; mais au chault que j'endure
Du vert feuillage épaix l'ombrage ne peut rien.
Des prochains ruisseletz l'eau versée peut bien
Tuer tout autre feu, mais non tuer et rendre
Esteinct le feu cruel qui convertist en cendre
Et ma cher et mes os. Je soulois m'exposer,
Cerchant la solitude et à me reposer
Aux beaux antres secretz, tapissez de verdure,
Qui sont icy auprés ; mais maintenant, à l'heure
Que plus cuide estre seul, et plus auprés de moy
Je sens se maintenir cet amoureux émoy,
Qui jamais ne permet qu'un moment je repose,
Tant il est importun. Parfois je me propose
Que la chasse sera l'esbat et le plaisir
Qui me recréera en ce dur déplaisir :
Je pens ma trompe au col, et mes chiens je decouple;*

*Mais, helas! c'est en vain, car mon tourment redouble
En ce gentil esbat, me faisant souvenir
De toy, qui dédaigneuse aimes seule tenir
Ta chasse à part, et fuis (ô rigueur obstinée!)
Des lieux où ois le son de ma trompe entonnée.
Nymphe, pourquoy fuis-tu? Helas! veüille arrester
Un petit seulement, et ma peine escouter.
L'oeille, qui a peur, fuit du loup la venue,
Du lyon affamé fuit la biche cornue,
Et la columbe craint tumber en la merci
De l'aigle ravissant. Nature apprend ainsi
A chacun animal de fuir son contraire ;
Mais je suis ton ami, et les pas me fait faire
Que je fais prés de toy amour, et ta vertu,
Que j'admire en ces bois. Et, nymphe, qui fuis-tu ?
Je suis, tu le sçais bien, le dieu de ces montagnes,
Adoré des pasteurs de ces bois et campagnes,
Qui avouent tenir dessous ma majesté
De leurs herbeux pastis la fertille bonté,
Leurs taureaux et leurs bœufs, leurs vaches tousjours pleines,
Leur fromage et leur lait, leurs brebis et leurs laines;
Pourquoy doncques fais-tu de moy si peu de cas?
La sœur au Dieu Phœbus ne me dédaigne pas
Ainsi comme tu fais; elle et ses damoiselles
M'aiment et aiment bien que je soye avecq'elles;
Mais tant enamouré, ne sçay comment, je suis
De tes rares valeurs qu'aimer autre ne puis ;*

Tant, Syringue, me plaist le parfaict de ta grace
Que toute autre beauté de mon cueur elle efface,
Et ceste mienne amour tu payes seulement,
Nymphe ingrate, par trop d'agonie et tourment.
   Sans toy (voy mon tourment), le jour m'est nuict obscure,
Le printemps m'est hyver, et deuil m'est la verdure;
Sans toy, ung triste chant d'orfraye m'est la voix
Des gais rossignoletz qui chantent en ces bois,
Et, en haine de moy, la gentille allouette,
Qui sans toy m'apperçoit, devient toute muette;
Sans toy, parmy ces prez que je baigne de pleurs,
Fanisseni soubz mes pieds les herbes et les fleurs;
Sans toy, mes pauvres chiens haïssent la campagne
Et ne veulent courir. Mais si tu m'accompagne
La nuict me sera jour, et l'hyver un printemps,
Les prez me seront vers et floris en tout temps,
Plaisir me donnera, de bocage en bocage,
Des mignars oiseletz le doux sonnant ramage,
Et grand devoir feront de chasser tous mes chiens,
Alors qu'ilz se verront accompagnez des tiens,
Car tu en as tousjours avecq' toy bonne bande.
Si tu les aimes, c'est ce que plus je demande;
Si la chasse te plaist, elle me plaist autant;
Si tu aimes les bois, je les estime tant
Que je fais en iceux ma commune demeure.
Ainsi en cela est d'accord nostre nature;
Mais las! elle par trop se discorde en un poinct,

C'est que je t'aime trop, et tu ne m'aimes poinct.
  Il peult estre que t'est deplaisante ma forme,
Et que mon poil touffu te semble estre difforme;
Peut-estre il t'est advis que me rendent et font
Indigne d'estre aimé les cornes de mon front;
Mais tu le prends tres-mal : le long crin glorifie
La teste du cheval ; le long poil signifie
La force en un lion, et tu vois noz levriers
Qui sont à long poil estre en beauté les premiers.
Puis, ce qui fait plus beau, qui enrichist et orne
Le cerf et le taureau, n'est-ce la double corne
Qu'ilz portent sur la teste? et n'est pas en naissant
Cornu, et néantmoins sur tout beau, le croissant?
Ma forme et ma beauté n'est pas si rejetable
Comme tu fais semblant; puis, ma voix delectable,
Que toute chose escoute et admire à bon droict,
N'aura-t-elle faveur aucune en ton endroict?
  Vueille doncques changer, je te pry, de courage,
Syringue, et donner fin à la cuisante rage
Qui me va consumant. Si tu veux pour ami,
Belle, me recevoir ; je te suyvray parmi
Les épineux haliers, parmi les marecages,
Les bois, les mons, les vaux et les antres sauvages;
Je t'accompagneray partout où le desir
Te viendra convier à cercher du plaisir.
Et comment aimes-tu aller ainsi seulette,
Veu les dangers esquelz tu vois estre subjecte

Toute personne seule en ces aspres deserts,
De lyons, léopars, et de tigres couverts?
Ha! combien meilleur est aller en compagnie !
Si on tumbe en fortune et peril de la vie,
L'un aide à l'autre, et puis quell' consolation
Est-ce d'avoir à qui conter sa passion,
Soit deuil ou joye, et tout ce qu'on veut entreprendre!
Nymphe, doncq' aime-moy, et à moy te viens rendre;
Consens que je t'espouse : ainsi, jamais en vain
La fleche sur les cerfs ne sorte de ta main !
Ainsi tousjours Zephir benin te soit, quand lasse
Et reciene seras du travail de la chasse;
Presente ainsi te soit, sans peine de cercher,
La fontaine tousjours pour la soif étancher.

J'ay deux jeunes limiers, les plus beaux d'Arcadie,
Que je nourris pour toy, et qu'à toy je dedie ;
Si un coup tu les as, il n'y aura sangler,
Cerf, ni biche, de toy qui se puisse celer.
Ah ! ah ! malheureux moy, puisque tu ne fais conte
D'eux, de moy, ni du mal qui ma force surmonte !
Tant plus je crie à toy, et plus je pers mon temps,
Tant plus je suis tes pas, et plus tu les estens
A fuir devant moy. O nymphe que tant j'aime,
Si n'as pitié de moy, prens pitié de toy-mesme,
Et te garde de choir; ralente un peu ton cours,
Tourne-toy, tu verras qu'aprés toy je ne cours :
J'ai peur qu'en ton chemin quelque espine ne blesse

Ta delicate cher : je mourrois de tristesse,
Et le cueur me crevroit, si à mon appetit
Il t'avenoit d'avoir mal, tant soit-il petit.

Ainsi Pan se douloit de Syringue la belle,
Vaincu de son amour, et suivant les pas d'elle
Qui fuioit devant luy, comme un lievre poureux,
Qui se sent poursuivi d'un levrier ou de deux,
Jusque à tant qu'elle fut parvenue à la rive
De l'areneux Ladon, où, d'une voix plaintive,
Voyant que le moyen de passer plus avant
Defailloit, luy estant l'eau profonde au devant,
Elle invoque à secours les nymphes aquatiques
Qui tiennent le sejour des sources arcadiques,
Lesquelles, par pitié, sur le bord de leur eau,
Müerent son gent cors en un tendre roseau,
Roseau que Pan aima aprés toute sa vie,
En recordation de Syringue s'amie,
Et de beaux chalumeaux divers en composa,
Dessus lesquelz collez de cire il dégrisa
Ses soupirs, et depuis les pasteurs l'ensuivirent,
Et de telz chalumeaux aux forests se servirent.
Sur les miens j'ay joué ces vers, dont à present,
Seigneur, icy vous faict ma muse ce present.

EGLOGUE V

POLYNNETE.

Pasteurs : PEROT et JAQUET

Jaquet.

De bien chanter, Perot, et d'estre bon sonneur,
On te donne tousjours et le bruit et l'honneur
Entre les pastoureaux, mais aucuns ozent dire,
Quand ilz tumbent sur moy, qu'en rien je ne t'empire.
Ore que nous voici tous deux ensemblement
En ce lieu solitaire orné diversement
De fleurs et d'arbrisseaux, d'odeurs et de verdure,
Laissans passer du chault l'ardeur aspre qui dure,
Veux-tu que chantions à qui mieux, pour sçavoir
Lequel doit de nous deux le premier ranc avoir,
Tandis Mourloup mon chien et ma chiene cherie,
Perot, auront souci de nostre bergerie?

Perot.

Jaquet, bien qu'on te nomme entre les mieux apris,
J'accepte le deffi, mais il faut mettre un pris
Qui soit pour le veinqueur : tout jeu, sans pris ou gage,
Est froid, et les joueurs n'ont plaisir ni courage.

JAQUET.

C'est bien dict. Quand à moy, je més ce grand taureau
Bigarré, voi-le, c'est l'honneur de mon trouppeau ;
Més ceste cheuvre, toy, que tu as si feconde
Que ci prés, ce dict-on, ell' n'a point la seconde,
Qui trois cheuvreaux bessons tous les ans te nourrist,
Et de let tous les jours ton ménage fournist,
Car meillure sera encores ma gageure.

PEROT.

Jaquet, je n'oserois sommettre à l'aventure
La cheuvre que tu dis : en icelle a sa part
Et en tout mon bestail mon voysin Leonard,
Qui tempesie plus fort que le bruyant tonnerre
S'il s'en écarte un chef ; mais un poiet de terre
Je garde precieux, qu'une fois en ces bois
Au jeu de l'arc gagnay d'un berger Aulonnois.
Pour me le louanger et plus digne le rendre,
Ce berger m'assuroit qu'il estoit faict en Flandre,
Et que, venant de là, par singularité,
Un nocher, son ami, lui avoit apporté.
 Ce beau vase enrichi est de figures maintes,
Qui fort artistement et au vif y sont peintes.
Au vif peint y verras un cousteau s'élevant
Dans une basse pleine, où un doux petit vent
Semble faire ondoier une forest ramée,
D'infinis oisillons diversement semée :
De branche en branche ici les uns sont voletans,

Là d'autres sans voler la mousse bequetans,
Icy le rossignol les amourettes chante,
La tourterelle là desolée lamente
Sa compagne perdue, et deux coulons ici
Se baisotent épris d'un amoureux souci,
Et là des heronneaux la béante nichée
De sa mere reçoit l'attendue bechée.

 Ce n'est pas tout; parmi l'espesseur de ce bois,
Une meute de chiens tient un cerf aux abois,
Et un chasseur, suyvant, de sa trompe sonante
Donne l'esprit aux chiens et le cueur leur augmente.
Les autres, épandus sur les aisles, ont soing
De tenir les levriers, d'autres, l'épieu au poing,
Attendent de pié coy que le fuitif s'avoye
Du costé où ilz sont, et se fasse leur proye.

 Un petit hors du bois, Ganimede est portraict,
Qui enferme en du jonc un fromage de laict;
Non gueres loing de luy est la troupe couarde
De ses tendres aigneaux, et son chien qui les garde.
Puis randant apparoist l'oiseau de Jupiter,
Sur Ganimede, en l'air, qui de l'empieter
Cerche opportunité. Voilà que je hazarde
Pour celuy qui veincra. Or maintenant regarde
Que tu mettras.

    JAQUET.
    Je garde aussi comme un thresor
De terre un plat tout neuf, qui ne servit encor

Jamés. Je l'apportay l'autre-hier de sainct Porchere.
Tascher en est l'ouvrier : tu sçais comme il tient chere
La beauté de son art. Au dedans ce vaisseau
Peinte est la belle Europe avecques le troupeau
Des filles la suyvant. Elle et sa bande gaie,
Parmi un pré flori, prés la rive s'égaie
De l'ondoyante mer ; sur la mesme rive est
Une troupe de beufs, desquelz un blanc moult plaist
A Europe sur tous : ce beuf, de bonne grace,
De la plus blanche fleur la blancheur mesme passe ;
Il est beau à merveille, et, à la verité,
Ce n'est point un vray beuf, ains c'est la deité
Du grand dieu Juppiter qui se desguise et celle
Dessous cet habit feinct, afin que la pucelle,
La fille d'Agenor, il puisse decevoir.
Faicte ceste peinture est d'un naïf sçavoir,
Car ce beuf à l'escart des autres beufs se tire
La part où la belle est dont l'amour le martire,
Et se rend tant privé que de luy approcher
Elle oze, et de sa main l'aplanir et toucher.
Le beuf ne bouge point, ains, tout fretillant d'aise,
Surleve le museau, et la joüe luy baise,
Puis des genous se baisse, et tant pare à propos
Sa croupe qu'il alleche à monter sur son dos
La pauvrette, et aprés sur la crouppe montée
La verras en la mer par le beuf emportée,
Les bras et mains devers ses compagnes tendant,

Comme si leur secours elle fust attendant.
La mer est d'azur bleu peinte, et les Nereïdes
Y sont, et les Tritons, Dieux des plaines humides,
Convoians ce Dieu beuf, et joyeux de le voir
En ce poinct traverser leur liquide manoir.
  Au dehors de ce plat une vigne est portraicte,
Chargée de raisins et d'étourneaux couverte,
Qui, bequetans dessus, sont si bien contrefais
Que les diriez vifz, non de main d'homme faitz.
  Voilà qui sera tien, si tienne est la victoire,
Et, si d'estre veinqueur me demeure la gloire,
Ton potet sera mien. Or qui écoutera
Le discours de nos vers, et qui juge sera
De nostre different ?

PEROT.

Vers nous venir j'avise
Le vieillard Polynnete : il aime, loue et prise
Ceux qui chantent des vers par maniere d'esbat ;
Nul mieux que luy pourra vuider nostre debat.

POLYNNETE.

Bon jour, bon jour, enfans, que Dieu vous doint sa grace.
A quoy employez-vous icy le temps qui passe ?

JAQUET.

O Polynnete, approche, et te plaise écouter
Lequel, de ce berger et moy, sçait mieux chanter.
Juge sans null' faveur qui de nous deux doit estre
Preferé au metier de faire un vers champestre.

POLYNNETE.

Doncq' encores y a des bergers amateurs
Du poétique devoir ; doncq' entre les pasteurs
N'est du tout assoupi l'art des vers, et se treuve
Qui preigne encor plaisir de chánter à l'épreuve,
Maugré depite envie et l'injure du tens?
Chantez, gentilz pasteurs, puisqu'en estes contens :
Je vous écouteray. Séons-nous sur l'herbette.
Vostre bestail est prés, et la place est secrette ;
Puis dessous ces ormeaux le chault ne nous nuyra.
Or commence, Perot, et Jaquet te suyvra.

PEROT.

Les Pierides sœurs prestent à mes chansons
Leur faveur, et aussi pour le bien recongnoistre
Que d'elles je reçois, je nourris et fais paistre
Pour ell' en mes pastis deux aigneletz bessons.

JAQUET.

Phebus Cynthien m'aime et des siens me reçoit ;
Les vers issans de moy il estime et avoue.
Aussi, pour n'estre ingrat, tous les ans je luy voue
De mon parc un taureau le plus brave qui soit.

PEROT.

En mon jardin flori la marguerite naist,
Le lys, l'œillet, la rose et la jaune soucie :
La marguerite belle est la fleur de m'amie,
Et elle en mon jardin dessus toutes me plaist.

JAQUET.

Mon jardin me produit l'abricot odorant,
Et la pomme, et le coin, la grenade et l'olive.
Mon Amarante belle un poupon y cultive,
Et je suis par sur tous ce beau fruict honorant.

PEROT.

Ma mignonne ici vient souvent voir les combas
De mes brusques moutons ; d'une expresse couronne,
Faitte de toutes fleurs, la teste elle couronne
Du veinqueur : à cela elle prend ses esbas.

JAQUET.

La mienne vient oyr les vers melodieux
Que d'elle suis chantant sans cesse en ce bocage,
Et, pour me donner cueur d'en faire d'aventaige,
M'acolle en me disant : « Un jour tu auras mieux. »

PEROT.

Un gracieux regard plus m'est réjouissant
De m'amie, ou la voir favorable me rire
Quelques fois en ces vaux, que d'avoir un empire,
Où que d'estre seigneur d'un royaume puissant.

JAQUET.

Je n'estime pas tant les tresors plantureux,
Le bausme, ni le musq, ni toute la richesse
Que produit l'Orient, comme de ma déesse
Sur la bouche cuillir un baiser odoreux.

PEROT.

Je hay ces herissons qui emportent les fruictz

De mes entes dessus leur echine pointue ;
Mais je hay encor plus un regnard qui me tue
Mes poules, et les mange au juc toutes les nuictz.

JAQUET.

Mes prunes vient manger un gros vilain mastin,
Passant de mon jardin les clostures trop basses ;
Mais je ne le hay tant que ces rouges limasses,
Qui broutillent ma vigne à l'égail du matin.

PEROT.

Dame Cerés, si fais que l'épy du froment,
Qui verdoyant ondoye en mes champs, ne demerte
Pour cette année-cy mon espoir et attente,
Je te feray tirer en marbre richement.

JAQUET.

Charge, pere Denis, de vin plus que jamés
Ma vigne ; que ne soit l'eau pure mon breuvage
Comme l'an preceaant, et une belle image
De bronze elabouré en don je te promés.

PEROT.

Je porte au petit doid un petit anneau d'or
Que me donna un jour ma bergere jolie ;
Porter en sa faveur le veux toute ma vie,
Voires s'il est possible aprés ma mort encor.

JAQUET.

J'ay deux beaux braceletz de soye qu'a cordonnez
De sa mignarde main mon Amarante belle :

*Iceux je suis portant au bras pour l'amour d'elle,
Aussi à cette fin ell' me les a donnez.*
PEROT.
*Si quelque fois assise à l'ombre d'un buisson
Ma bergere est chantant, la gentille allouette,
Ravie incontinent, devient toute muette,
Et se taist pour oyr sa divine chanson.*
JAQUET.
*Amarante par fois chante dedans ces bois,
Avecq' un fleuretis qui si doucement sonne
Que le doux rossignol en l'écoutant s'étonne
Et reconnoist qu'il n'a si heureuse la voix.*
PEROT.
*O petits aigneletz que l'hyver et l'esté
Je garde par ces champs, aigneletz que je prise
Sur tout autre plaisir, si quelqu'un m'en méprise,
Ditez-lui que les Dieux bergers ont bien esté.*
JAQUET.
*O champs floris et vers, ô montagnes, ô bois,
Que je cultive et dont j'ay la demeure eslüe,
A qui m'en blamera, dites qu'à la charrüe
Les vieux Romains prenoient leurs cousiez et leurs rois.*
PEROT.
*Mais la guerre est criée, helas! que ferons-nous,
Nous pauvres villageois? Desja de ville en ville
Toute France s'émeut en discorde civille,
Pire que celle-là des aigneaux et des loups.*

JAQUET.

Si la guerre s'émeut non és lieux estrangers
Ainsi comme devant, mais prés de nos logettes,
Entre concitoyens, à Dieu noz amourettes,
A Dieu plaisir champestre, à Dieu pauvres bergers.

PEROT.

Vous faites bons et saux sans point vous ennuier,
Moutons brusqs et gaillars ; or sautez à vostre aise
Tandis que ne sentez encores le malaise
Que menace le ciel sur la terre envoyer.

JAQUET.

Mes vaches, saoulez-vous de ceste herbe hardiment
Durant qu'avez le tens, car tantost convertie
La bonne herbe sera en chardons et ortie :
J'en apperçoy desja un grand commencement.

PEROT.

Dy-moy en quel païs, par un faict coutumier,
Tous les ans une fois l'homme en loup se transforme,
Et aprés certains jours il retourne en sa forme,
Et devient homme ainsi qu'il estoit au premier.

JAQUET.

Dy-moy en quel païs doué de plus grand heur
Jamès il n'aparoist de loups aucune trace,
Si bien que les aigneaux errent de place en place
Avecques seureté sans secours de pasteur.

POLYNNETE.

C'est assez pour ce coup : aux Muses soit la gloire,

*Pasteurs, de voz beaux vers; à elles la victoire
Soit de vostre debat; repren ton plat, Jaquet,
Et toy aussi, Perot, reserre ton potet :
Tous deux sçavez chanter, tous deux estes poëtes.
Epreuvez-vous souvent à telles chansonnettes,
Et avecques le tens croistra vostre bonté,
Comme un jeune arbrisseau sur la rive planté.
Cependant emmenez d'ici voz brebiettes,
Voz vaches et taureaux, et dedans leurs logettes
Allez les reserrer. Du costé de la mer
Je voy l'air se noircir et d'éclairs s'allumer :
Il est ja tout remply de brouillars et nuages,
Signe que nous aurons bien tost quelques orages.*

EGLOGUE VI

AMYNTAS.

Pasteurs : AMYNTAS ET MONTAN.

Amyntas.

C'est trop sauté à trois pas et un sault,
Amy Montan, et trouver il nous fault
Un autre jeu : veux-tu qu'un j'en commence ?
Veux-tu joüer à qui de nous deux lance
Mieux une pierre, ou la barre ruer ?

Montan.

Non, Amyntas, non, c'est pour se tuer ;
Laissons ces jeux qui sont de trop grand'peine,
Et pour ce coup permés que je te meine
A mon vouloir : une autresfois aussi
Je te seray obéyssant. Ici
Auprés y a une coudre ramée
Des rossignolz et des tourtres aimée ;
Allons-y : là, dessous l'ombre en repos,
Nous raillerons de maints et maints propos,
Nous chanterons quelque chanson recente,

Toy de Phillis, moy de mon Amarante.
Sçaurions-nous meilleur subject choisir?
AMYNTAS.
Certes nanni, et y prendront plaisir
Tant d'arbrisseaux qui jadis, estans hommes,
Furent possible ainsi comme nous sommes
És las d'amour attachez et tenus.
MONTAN.
Or nous voici aux coudres parvenus :
Sus, regardons où nous prenderons place.
AMYNTAS.
Le vent ici donne de bonne grace,
Je croy que mieux trouver ne pourrons pas.
MONTAN.
Commence donc : l'aisné es, Amyntas.
AMYNTAS.
Le nautonnier parle sur tout de l'onde,
Et le chasseur de sa chasse feconde,
Le ménager des blez qu'il a cuillis,
Et moy aussy, ô ma belle Phillis,
Incessemment de toy je parle, et prise
Ta grand beauté, qui d'un doux feu m'atize.

   Vray est, Phillis, que le peuple commun
Dit que tu as un petit le teinct brun ;
Mais ne sçait-il les plus belles fleurettes
Par les jardins estre toutes brunettes ?
Le pass'-veloux est brun, et brun aussi

Est d'Apollon jadis le doux souci,
Et neantmoins le premier rang leur garde
En ses bouquets la pucelle mignarde.

   D'autant, Phillis, que les petits aigneaux
Ne semblent rien prés des bœufs et taureaux,
D'autant que mieux agrée en un bocage
Du rossignol que du geay le ramage,
D'autant j'ay mise, et, de grace, croy moy,
Plus qu'autre part mon amour dedans toy,
Mon petit cueur, ma petite douillette.

   O quantesfois, quantesfois, ma nymphette,
J'ay souhetté sous ces ombres t'avoir
Seule avec seul, pour te faire sçavoir
Combien l'amour de ta grace celeste
Mon pauvre cueur tirannise et moleste !
Mais aussi tost, belle, que tu me vois,
Tu fuis de moy, comme si dans un bois
Tu avisois quelque beste sauvage
Venir à toy écumante de rage.

   Pourquoy fuis-tu de moy, fille, en ce poinct ?
Aprés tes pas, helas ! je ne cours point
Pour t'engloutir, comme tigre cruelle :
Ton ami suis, et, si de mutuelle
Amour voulois la mienne compenser,
Tu me verrois tout partout amasser
Les pleins paniers de fleurs jaunes et blues,
Pour en orner tes tresses crépelues

Et de ton sein les pommelans tetons,
Plus blancs que laict; de mes parcs et moutons
Je te ferois, croy-moy, dame et maistresse;
Si tu voulois échanger ta rudesse
En bonne chere et doux acueil, mes biens,
Pour dire tout, je les ferois tous tiens.

Ceste chanson ma farouche bergere
Noter me feit parmi une fougere
L'autre-hier, assis au pied de deux houx vers.
MONTAN.
O Amyntas, la douceur de tes vers
Trop plus me plaist que de ceste verdure
Le doux sejour, ny qu'oyr le murmure,
Tant doux soit-il, d'un coulant ruisselet,
Ny que le vent d'un Zephire mollet,
Tant bien as sceu representer la peine
Où te soumet ta bergere inhumaine.
S'il te plaist ore aussi de m'écouter,
Tu entendras ce que m'a faict chanter
Le souvenir assidu de m'amie,
Ainçois plus tost de ma dure ennemie.

Ah! Amarante, Amarante, passant
En ta blancheur le blanc lys florissant,
Et tendre plus qu'un aigneau, et folastre
Plus qu'un chevreau qu'on voit jeune s'ébatre,

*Courir, tourner et bondir en un pré,
Lorsque tu as compagnie à ton gré,
Ne connois-tu, à voir ma triste face,
Mon poil rebours et ma parolle basse,
Que d'amour suis malade, et de ta part
Que cet excés mortifere me part?
Soit que tout seul dessus quelque hault tertre
Et loing de gens il me plaise me perdre,
Ou sur le dos de noz coustaux bossus,
Ou par le frais de noz antres moussus,
Soit que de jour m'estende au pié d'un orme,
Soit que de nuict en ma loge je dorme,
Tousjours je suis pensant, resvant en toy,
Et tousjours ay ta face devant moy.
Qui faict cela? Cupidon et sa mere,
Et tes beaux yeux, que j'admire et revere,
Par qui tout j'ars ainsi comme ard en plein
Un champ de chaume et d'estouble tout plein,
Quand l'agricole y met le feu, ou comme
Ard un tizon oingd de soufre et de gomme.*

   *Arbre n'y a, ny roche, ci autour,
Qui témoigner ne puisse mon amour,
Et où escrit n'aye en lisibles lettres
O mon couteau ces quatre petis mettres:
« Helas! par toy, Amarante, je meurs
Dedans ces chams, et aux herbes, aux fleurs,
Aux arbres mors et à l'onde tarie,*

D'un seul clin d'œil tu redonnes la vie. »
  Je meurs au vray, mais mon affliction
Je prens en gré, veu ta perfection.
Comme raisins sont l'honneur de la vigne,
Du beau jardin arbres mis à la ligne,
Le vert émail du florissant préau,
Et du pasteur le bien refaict troupeau,
Ainsi es-tu l'honneur des bergerettes,
Sans contredict, et des belles fillettes.
  O quantesfois, m'amie, quantesfois
Je te souhette avoir parmi ces bois
Entre mes bras, sur cette herbe estendue !
J'envoierois le souci qui me tue
Bien loing, et, plus que nuls hommes content,
Je cuillerois de doux baisers autant
Sur le vermeil de tes leuvres douillettes
Comme il y a de fleurs sous ces coudrettes ;
Mais, tout ainsi que la biche d'horreur
S'effroy', sentant du lyon la terreur,
Et tant qu'ell' peut s'enfuit toute tremblarde,
Ainsi fuis-tu tousjours de moy, mignarde.
  Si ay-je espoir que ceste cruauté
Se changera en douce privauté
Avecqu' le tens et me seras amie,
Autant comme es à ceste heure endormie
A mes soupirs. Que si par ton moyen,
Dame Venus, je parviens à ce bien,

Je te promés qu'onc ma fluste d'ivoire
Ne sonnera que ton nom et ta gloyre.
AMYNTAS.
Ami Montan, pour loier et guerdon
De tes beaux vers tant bien chantez, en don
De moy auras ceste brave houlette :
Ja long tens a que Thony la souhette,
Mais tu l'auras.
MONTAN.
De ma main un present
Aussi auras, mais rien pour le present
Je n'ay, sinon ce pipeau qui resonne
Plus doux que miel; tien-le, je te le donne :
C'est celui-là sur lequel j'ay sonné
Le beau Daphnis d'amour passionné,
Et ay sonné l'armonie gentille
Des deux pasteurs Merlin et Théophille.

EGLOGUE VII

JANOT.

Sur les calamitez de la guerre.

PASTEURS : FRANCIN ET JANOT

FRANCIN.

Je voy là bas prés d'un grand buisson vert,
Dans ce pasty de fleurettes couvert,
Un moutonnier boiteux et qui chemine
O le baston : il semble, à voir sa mine,
Que c'est Janot, je vais de luy sçavoir
Qui en ce point reduit le peut avoir.
Dieu gard Janot, l'honneur de bergerie !

JANOT.

Ami Francin, Dieu te doint bonne vie
Et que ne sois comme moy faict boyteux.

EGLOGUE VII

FRANCIN.

Mais, mais di-moy, qui t'a faict si piteux?
Raconte-moy de grace ta fortune :
As-tu point fait trop l'amour à quelqu'une?

JANOT.

Helas! nenni, mais un de ces matins,
Ne sçay combien de gendarmes mutins,
Passans chemin par mon petit village,
Cruellement m'ont faict ce dur outrage;
Ilz m'ont rompu bras, teste, piedz et mains.
Ilz ne sçauroyent estre plus inhumains,
Alors qu'ilz sont sur le païs et terre
Des ennemis à leur faire la guerre :
Car, non contens de m'avoir erené
Comme tu vois, encor m'ont emmené
Laines, moutons et toute ma chevance.

FRANCIN.

O quel outrage! ô quelle violence!
Oncq' telles gens ne feirent autrement ;
Battre et piller, c'est le beau payement
Que reçoit d'eux l'hoste à leur departie.
Ne t'es-tu point contre eux rendu partie?
N'as-tu du fait la justice informé?

JANOT.

J'y aurois tost pour néant consumé
Ce peu que m'ont delaissé les gendarmes :
Quel pouvoir a un juge entre les armes?

Non, non, Francin, tant que verrons durer
La guerre horrible, il ne faut esperer
Rien que tourmens, cruaultez, batteries,
Violemens, meurtres et pilleries,
Et mesmement sur nous, hommes des champs,
Qui ne servons que de proye aux méchans.

FRANCIN.

Helas! et quand en aurons-nous l'issue?
Le front, le cueur et l'ame me tressue,
Quand me souvient de ce que m'en contoit
Un bon passant nagueres : il estoit
De Picardie ; il s'en vint à ma porte,
Où je le vei semblant mieux chose morte
Qu'un homme vif, car à peine sur pié
Se tenoit-il, dont émeu de pitié,
Je le logeay, et puis le fei repaistre,
De mesmes moy, à mon foyer champestre.
Il n'estoit seul, avecques luy estoit
Sa pauvre femme, et un asne portoit
Deux enfans leurs, spectacle pitoyable.
   En me contant sa fortune plorable,
« Heureux, ami (disoit-il), qui ne sçait
Que c'est de guerre, et d'où elle se fait,
Qui est bien loing. Desolé y demeure
Le laboureur, et le champ sans culture,
Que couvre, au lieu de l'espy, la terreur
De gens armez; tout y est plein d'horreur

Et sang épars; chasteaux, maisons, églises,
De fond en comble en ruyne y sont mises.
Le jeune y est tué comme le vieux,
Et l'innocent comme le vicieux ;
On n'y pardonne à la tendre pucelle,
Ny à l'enfant qui pend à la mammelle.
J'ay veu (disoit) mon village trempé
En sang humain, d'où ayant échappé,
Ce que tu vois, je suis forcé grand erre
De mandier nouveau païs et terre,
En attendant venir un tens plus beau. »
     JANOT.
Comme les loups sont du même troupeau
Journellement la frayeur et grand perte;
Ainsi la guerre est la ruyne apperte
De nous humains. Mon Francin, mon amy,
Il fault penser que, là où l'ennemy
Passe, il exerce inhumanitez grandes,
Veu tant de maux que des nostres les bandes
Font de sur nous. O que cruel et fier
Fut celuy-là qui cercha le premier
Le fer mortel, et qui, plein de colere,
Le detrempa dans le sang de son frere !
Le fer estant proprement ordonné
Pour en tuer le lyon effrené,
L'ours et le loup, les hommes sur eux-mesme
L'ont converti : ô la folie extresme,

Comm' si de soy assez tost ne vient pas
L'heure qui doit nous trainer au trépas !
FRANCIN.
Où est le tens jadis beau et prospere,
Dont j'ay ouy tant parler mon grand pere,
Je dy le tens du bon age doré,
De noz ayeux sainctement adoré,
Auquel n'estoit hors sa mine profonde
Ce faux metal, la ruyne du monde ;
Auquel vivoyent, ô l'heureuse saison !
En seureté bergers à leur maison,
Et les grans rois, pour plus de biens acquerre,
Ne couroyent point l'un de l'autre la terre ?
JANOT.
Francin, Francin, en ce tens que tu dis
La terre estoit un gaillard Paradis :
La paix estoit au monde universelle,
Et n'y avoit une seule parcelle
De contredit, car les champs et pastis
N'estoyent encor limitez ny partis,
Et si n'estoit en ce tens la memoyre
D'ambition, d'envie ny de gloyre.

   La terre lors de sa naifve bonté
Naistre faisoit de tous biens à planté,
Sans qu'elle fust du soc aigu touchée ;
Mais, maintenant, sans qu'elle soit bechée
Rien ne nous baille, et sans que le taureau

Soit attellé maintefois à l'areau.
 Et las! cela encores, Francin, qu'est-ce?
O tens pervers! las! que me sert sans cesse
De travailler à la terre, et semer
Orge et froment, et les jours consumer
A en tyrer l'yvraye et la nielle,
Et le pavot, et mainte autre herbe telle;
Mais que me sert souvent me tourmenter
En mon jardin, et maint arbre y enter,
Si je ne cuille autre fruict de ma peine
Qu'un desplaisir, qu'une esperance vaine?
 Que je travaille, affin que mon celier
Soit plein de vin et d'orge, mon grenier
De bon froment, de segle; que je tue
Force porceaux, mette chappons en mue :
Chez-moy auray tous les jours le soudard
Qui mangera mes chappons et mon lard,
Et, non content de miner la sustance
De tout mon bien, sur moy de violence,
Et de menace, et de coups usera.
    FRANCIN.
Janot, ce mal tousjours ne durera :
Dieu quelquefois par sa grande clemence
Aura pitié de l'affligée France :
Aprés l'hiver vient le riant printens,
Aprés l'orage arrive le beau tens ;
Dieu tout puissant, aprés l'injurieuse

Guerre, envoyra çà bas la paix heureuse,
Que prés de luy il garde longuement,
Depuis le jour qu'en son haut firmament
La rappella, contre nous tout plein d'ire :
Mais il est tens que d'ici me retire,
Je suis de loing, et s'approche le soir.
A Dieu, Janot, à Dieu jusqu'au revoir.

EGLOGUE VIII

MERLIN

Ces jours passez, voyant le ciel troublé
Tonner si fort que de frayeur tremblé
La terre en a, voyant tumber la foudre
Sur chesnes haults et les tourner en poudre,
Voyant partout s'éclater les corbeaux,
Et devenir rivieres les ruisseaux,
Je pensay bien qu'un augure et un signe
Cela estoit de quelque perte insigne,
Qui deust bien tost nous rendre langoureux.
Dites, mes vers, dites chant doloureux :

    L'honneur des bois et des pasteurs le maistre,
Le beau Merlin, Merlin qui souloit estre
Entierement de noz champs le plaisir,
Ore je voy piteusement gesir
Sous un petit monceau de terre noyre.
Helas! helas! le pourrez-vous bien croyre,
O mons voisins, o fleuves areneux,
Bossus coustaux et rochers caverneux

Qu'il frequentoit, et vous, desers rivages,
Antres et prez, campagnes et bocages,
Pourrez-vous bien sans larmes d'œil oyr
Que celuy-là de ses chans esjoir
Qui vous souloit soit ore un cors sans vie?
Vous maudirez la mort et son envie,
Car vous pensiez, veu sa dine beauté,
Qu'il ne devoit jamés vous estre osté :
Et ce vraiement vous estoit pardonnable,
Qui n'avez veu puis long tens le semblable.
Mais il est mort, et plorez hardiment,
Car avecq' luy mort est l'esbatement,
Mort le plaisir, le jeu, la gaillardise,
Mort le flageol, le chant, la mignardise,
Et mors d'amour les baisers douceureux.
Dites, mes vers, dites chant doloureux.

 Diane archere, et les belles Driades,
Amour, Bacchus et les Hamadriades,
Le vieil Silene, et les Satires nus,
Et les Silvains, et les Faunes cornus,
Le vindrent voir durant sa maladie,
Et Pan aussi, Pan, le dieu d'Arcadie,
Qui, aussi tost que de l'œil aperceu
Eut le pauvret, de passion esmeu,
Hault soupira, et comme tout plein d'ire
Dolentement ainsi se prit à dire :
« O cas estrange! ô sort triste et ploreux!

Dites, mes vers, dites chant doloreux.
   « *Ha, beau Merlin, des bergers l'outrepasse,*
Dea faudra il que de la terre basse
Le doux sejour te soit si tost osté?
Si ainsi l'a ton destin arresté,
Tu laisseras ces mons, et ces vallées,
Et ces forestz tristes et desolées,
Qui plus dancer les fasse elles n'auront,
Car plus sonner la fluste elles n'oiront,
Qui leur donnoit de tant gaies aubades.
Las! qui sçaura les oeilles malades
D'huy en avant si dextrement guarir?
Et qui sçaura si tresbien secourir
Les parcs des loups, qu'ils n'y fassent dommage?
Qui predira la tempeste et l'orage,
Et qui sera envers pauvres bergers
Si liberal des fruictz de ses vergers?
Qui fera plus aux Dieux bons et propices
Dorenavant de riches sacrifices?
Qui fera plus en leur honneur des jeux?
Dites, mes vers, dites chant doloureux. »
   Ainsi que Pan faisoit telle complainte,
Voici Phebus, et Cerés, et la saincte
Dame Palés; voici le beau trouppeau
Des Muses sœurs, honneur du sainct couppeau
Parnassien, mais d'entre elles aucune
Ne peut donner au mal qui l'importune

MERLIN

Aucun soulas. Voici pareillement
Venus qui sent un ennuy vehement
Voyant le mal qui son Merlin maistrise :
Car il estoit ce que luy fut Anchise
Et Adonis. « O bons Dieux honorez
(Leur dit Merlin), parmi ces champs dorez
(Je vey sa voix basse, debile et tendre
Faire des Dieux de pitié le cueur fendre),
Graces je rens à vostre deité,
Qui m'a mourant en ces bois visité.
Voici le tens auquel ma destinée
Dés ma naissance a ma vie bornée :
Vostre Merlin plus ne fera chansons
En vostre honneur, comme il souloit ; les sons
Plus vous n'oirez de sa cave musette ;
Il ne fera plus chappeaux de fleurette,
Dont il souloit vous faire presens maintz.
Dieux donc, adieu, qui entre les humains
Estes çà bas, car mort d'autres campagnes
Me mene voir, d'autres bois et montagnes,
D'autres plaisirs et d'autres plus beaux lieux.
Dites, mes vers, dites chant doloreux.

  « Vous sçavez bien avecq' quelle droiture
Servi vous ay, mais si, à l'adventure,
Par un mépris, ou mégard, quelquefois
Je n'ay, ô Dieux, ainsi que je devois,
Devotement solennizé voz festes,

Si quelquefois j'ay faict paistre mes bestes
En lieux sacrez à vostre deité,
Ou bien si a vostre repos esté
Troublé par moy, si coupé le fueillage
Des arbres j'ay dont le mollet umbrage
Vous fust à gré, si mes beufs et taureaux
Ont quelquefois honni voz claires eaux,
De tout cela et de toute autre faute
Pardonnez-moy par vostre bonté haute,
Comme jamés vous n'estes impiteux.
Dites, mes vers, dites chant doloreux. »
 Il avoit dict, lors que Venus la belle
Hault s'escria d'une façon nouvelle.
Elle, voyant son mignon estendu
Palle et defaict, et avoir ja perdu
Son teinct rosin, s'arrache et se dessire
Les beaux cheveux plus fins jaunes que cire.
« Las! (disoit-ell') ce crespelu menton
Servira donc de victime à Pluton,
Cette beauté, cette tendre jeunesse!
Ha! il falloit attendre la vieillesse.
Mais ce n'est pas de maintenant, ô mort,
Que tu te plais à me faire du tort,
Non, dis-je, non, ce n'est pas de cette heure:
Tu m'ostas bien en sa jeune verdure
Mon Adonis, depuis lequel surtous
M'avoit esté ami plaisant et doux

Le beau Merlin : tu me l'ostes encore.
Hé! que me sert que dans Cypre on m'honore?
Hé! que me sert le pourpris Gnidien?
Hé! que me sert au temple Ericien
Estre de tous pour déesse invoquée,
Si à tous coups je suis ainsi moquée
De par la mort et son dard rigoreux?
Dites, mes vers, dites chant doloreux.
   « Que me vault l'heur de la pomme dorée,
Et me saouler de liqueur nectarée
Journellement à la table des Dieux,
Si à tous coups j'ay les larmes aux yeux?
A qui diray sous ces umbres desertes
D'huy en avant mes pensées secrettes?
Merlin, Merlin, par toy seul, nuict et jour,
De ces bosquetz me plaisoit le séjour. »
Disant ceci, pour soulager sa braize,
Sur luy se baisse et doucement le baise,
Bouche sur bouche, yeux sur yeux, en plorant.
Et lors Merlin à longs traictz soupirant :
« Adieu (dit-il), adieu, Venus la belle,
Car je voy bien que mon heure m'apelle,
Et que la mort me force de passer
Le bord qu'à nul n'est permis repasser.
Or, adieu doncq', Venus et voz compagnes;
Adieu, forestz et mondaines campagnes
Où j'ay vescu; adieu, plaisirs, adieu.

Petits aigneaux qui voiez au millieu
De vous mourir vostre berger et maistre,
Qui desormais, qui vous ménera paistre?
Adieu, adieu, troupeau infortuné,
Qui autrefois tant de joye m'a donné. »
Puis, tournant l'œil, que ja la fin oppresse,
Vers les pasteurs qui estoient en grand presse
Venus le voir : « Adieu, compagnons chers
(Ce leur dict-il), adieu, gentilz bergers ;
Je vous supply, pour l'amitié connue
Que vous avez envers moy tousjours eue,
Et moy aussi de mesmes envers vous,
Tantost qu'auray paié ce que nous tous
Payer devons à l'avare nature,
Ne laissez pas mon corps sans sepulture
Manger aux loups : je veux qu'il soit couvert
D'un peu de terre au pié d'un siprés vert,
Dedans lequel, de belles grosses lettres,
Soyent engravez ces quatre petis mettres :
« Cy gist Merlin, gardeur d'un beau trouppeau,
« Luy qui estoit encores bien plus beau ;
« En ces bas lieux passa sa courte vie,
« Aimé de tous, sans reproche et envie. »
Plantez encor' tout autour des lauriers,
Des romarins, des lys et des rosiers. »
Disant cecy, de luy s'en est allée
L'ame, et aux champs Elisez devalée,

Laissant çà bas un regret merveilleux.
Dites, mes vers, dites chant doloureux.

   Quel cueur d'acier, quelle roche immobile
N'eust eu pitié, oyant la voix debille
Du beau Merlin, qui ainsi devisoit,
Et en mourant au monde à Dieu disoit?
Ha! mort, pourquoy à ceste terre basse
Prens-tu tousjours ce que plus elle embrasse?
Daphnis, jadis, Titire et Dametas,
Tant que cestuy plorez ne furent pas :
Je voy desja les tigres et loups mesme
Comme gemir, et mener dueil extresme
De ceste perte. Echo, qui par les bois
Prenoit plaisir à redire sa voix,
Ne dit plus mot; les plus vives fontaines
En ont tari; les montagnes hautaines,
Les champs et prez, en signe de douleurs,
En ont quicté leurs plus gayes couleurs.
Je n'entens plus Philomelle jasarde,
Ny le linot, ni l'aronde criarde,
Comme devant joyeux fredons chanter,
Ains seullement gemir et lamenter.
Roses, œilletz, en signe de tristesse,
Laissent par tout leur florie allegresse
Et de leur teinct le lustre vigoureux.
Dites, mes vers, dites chant doloureux.

   Ha! pauvre moy! la fueille palissante

Tumbe de l'arbre, et la fleur ternissante
Meurt amenant les mois plus froidureux ;
Puis le raion du soleil chaleureux,
Qui devers nous aprés maint tour retourne,
Sur le printems la vie leur redonne ;
Mais nous, helas! helas! nous n'avons pas
Cest heur aprés nostre blesme trepas,
Qui d'une mort eternelle nous serre.
Merlin, jaçoit qu'un bien petit de terre
Couvre tes os, aussi tant que voler
Verrons sur nous par l'espace de l'air
Oiseaux aislez, et tant que les oeilles
Viveront d'herbe et de fleurs les abeilles,
Tant que poissons aux eaux se nourriront,
Et que sanglers aux montagnes iront,
Dedans ces boys durera la memoyre
De ton renom et le bruict de ta gloire.
Car maints pasteurs, qui faire le sçauront,
De toy sans fin de beaux vers chanteront,
Et envoyront tes condignes louanges
Jusque-au plus loing des nations etranges,

EGLOGUE IX

AMARANTE

A Monsieur l'Official de Luçon
René Guyot

J'estois *lassé d'estre reclus*
A la maison et le tabus
De quelque cure domestique
M'avoit rendu mélancholique,
Guyot, quand un matin plaisant,
Que ja le soleil reluysant
Tiroit hors des marines ondes
Le bel or de ses tresses blondes,
Affin de mieux me réjoüir,
Je m'en allay aux champs ouïr
Le ramage de l'alouette,
Qui, tresmoussante en l'air, caquette
A sa coutumiere façon.
   Assis au pied d'un verd buisson
Joignant une petite arbrere,

*Un pastoureau tout solitaire
Et tout pensif d'ennuy je vey :
Le pauvre estoit pris et ravy
D'amour. Il gardoit une troupe
De brebis ; il avoit d'estoupe
Son hoqueton, et son chapeau
De paille estoit, et de la peau
D'un bouc velu sa pannetiere ;
Sa musette pendoit derriere.
 Toute en poinct à un aubespin
Je vei qu'il l'accroche à la fin,
Et que sous l'esselle la couche,
Puis, l'enflant du vent de sa bouche,
Et mariant sa voix au son,
Luy feit dire telle chanson :*

« *L'hyver et la morne froidure
Gastent des arbres la verdure,
Le chault d'esté seche les eaux,
La glus est la mort des oiseaux,
Les retz tendus des cerfs agilles,
Et des hommes l'amour des filles :
Car, Amarante, je mourray,
Si tost ne donne au mal que j'ay
Par trop t'aimer douce allegeance.
Je t'aime tant que je ne pense
Sinon en toy, soit que je sois*

AMARANTE

*Par la campagne ou par les bois,
Ou bien par les places hantées,
Ou par les ombres ecartées,
Par tout te voir il m'est avis :
Tous mes propos et mes devis
Sont de doux ennuis que me donne
Ta grande beauté, et ne sonne
Ma chalumelle rien, sinon
Ton los, tes graces et ton nom.
Je t'en appelle en témoignage
Ces rochers et de ce bocage
Les cheneteaux feuilleux et vers
Où sont pendus dix mille vers,
Que j'ay gravez en maintes tables,
De tes louanges veritables.
« Vien voir, tu y liras comment
Amour dés le commencement
Me ravit mon cueur pour le mettre
En servitude et le soumettre
A ton ingrat commandement.
Vien voir, tu y liras comment
Ta belle face j'appareille
A la franche rose vermeille,
Ton front à l'ivoyre taillé,
Ta blanche gorge au laict caillé,
Ta bouche, où le doux miel habite,
A la belle guigne confite,*

Au plus clair astre tes beaux yeux
Qui luyse en la sphere des cieux,
Ta blanche main longue et menue
A nege freschement venue,
De tes dois les bouts finissans
Au teint des blancs lys florissans.
Tu y verras comment encore
J'égalle à ceux-là de l'Aurore
Tez blons cheveux, lors que cercher
Elle s'en va son ami cher,
Son ami cher, le doux Cephale.
C'est tout aussi, car je ne parle
De ce que tu tiens tout couvert,
Et qu'oncq' je ne vei decouvert.
 « Amarante, ô ! que je souhette
Estre une aquatique ranette,
Qui és sources passe ses ans,
Or sur les bords, ores dedans.
Car je serois hoste ordinaire
De la fontaine solitaire
Que les Naiades ont planté
Dans ton jardin, où en esté
Nue te bagnes en franchise,
Ayant ta robe et ta chemise
Pendue à un houx qui estend
Ses bras dessus et la deffend
Du soleil. Là, sur la verdure,

Qui comme une belle ceincture
Entoure ses bors, estendu,
Je verrois ce que je n'ay veu :
Je verrois tes cuisses tant blanches,
Ton ventre, ton sein et tes hanches ;
Bref, estant là tout plat couché,
Rien lors ne me seroit caché.
Mais quoy! la faveur, ô ma vie,
De ta privauté faitte amie,
Me peut trop mieux donner cet heur,
Heur, le confort de mon las cueur,
Sans que nature me transforme
Mon essence en une autre forme.
  « *Or que le printemps nouvellet*
Se pare d'un teinct verdelet,
Et que la triste et froide glace
Aux fleurs et aux herbes faict place,
Voy comme ciel, et terre, et mer,
Nous convient au jeu d'aimer.
Le ciel n'est comme de coustume
Triste et ploreux, la mer n'écume
Male et irée, et les poissons
Y sentent d'amour les frissons ;
Sur la terre d'amour tremblotent
Les oiselets qui se baisottent,
La paille et la mousse cerchans
Pour s'anicher parmi les champs.

Souffrirons-nous que tout s'enflamme
Ainsi de l'amoureuse flamme
Sans que nous poigne le desir
Tous deux de ce commun plaisir ?
  « Bien que riche je ne commande
A une villageoise bande
De metaiers obéissans,
Bien que mille beufs mugissans
Ne couvrent pour moi les montagnes,
Bien que seulment, par ces campagnes,
De ce petit troupeau je sois
Suivi plus content que les rois,
Je vey toutesfois, et indigne
Ne suis de ta valeur insigne.
La personne bien est vrayment
Folle, lourde et sans jugement,
Qui en amour tirer se laisse
Aux vains plaisirs d'une richesse.
Jeune je suis et en bon poinct,
La beauté ne me defaut point,
Je ne suis mal duit à la dance,
J'entens le pas et la cadance,
Je boulle bien, je sçay lutter,
Joüer à la paume et sauter.
Qui mieux de l'arbaleste tire?
Je sçay chanter ce que Titire
Et Dametas chanter souloyent

Jadis, quand aux chams ilz alloient
Et gardoient leurs cheuvres barbues
Sur le long des rives herbues.
Margot, la fille d'Inopas,
Et d'autres que je ne dy pas,
M'aiment plus que leur vie mesme,
Et meurent que je ne les aime ;
Mais qui serois-je, je ne puis,
Tant attaché à toy je suis.
  « Sur tout la cheuvre aime la fueille
Du cheuvrefueil, la simple oeille
Aime l'odorant serpoulet,
Le beuf le trefle nouvelet,
Moy sur toute fille t'adore,
T'aime, te revere et t'honore,
Et autre nulle prés de toy,
Las ! ne m'est rien ; mais si je voy
Que plus longtems tu persevere
A m'estre rebelle et severe,
J'essayray me voir depestré
Des las où tu m'as empestré :
Tu me feras venir envie
De faire ailleurs une autre amie.
Et ne vivray-je plus content
Avecque une autre, bien que tant
Elle ne soit belle et exquise,
Pourveu qu'elle m'aime et me prise?

*Celuy est fol et abusé,
Celuy est trop mal advisé,
Qui, ayant amie importune,
Ailleurs ne tente la fortune.
Ha! qu'ay-je dit! la mer sans eaux
Sera et le ciel sans flambeaux,
Le printems sera sans fleurettes,
Et l'hyver sans vens et tempestes,
Ces chesnes le miel porteront,
Et ces haults rochers parleront,
Plus tost que pour autre te laisse,
Quoy que tu me tiennes rudesse. »*

*Ainsi, Guyot, se lamentoit
Le berger, et voici qu'il oit
Les mastins du prochain village
Qui aboyent un loup sauvage :
Adonc sur pié il se leva,
Pour regarder où le loup va,
Et là prit fin sa chansonnette
Et le doux son de sa musette.*

EGLOGUE X

De la paix publiée au moys d'avril, l'an mil cinq cens cinquante et neuf, entre les trespuissans Henry et Philippe, roys de France et d'Espagne.

Muses qui m'avez fait chanter les amorettes
Des rustiques bergers et de leurs bergerettes,
Qui m'avez fait chanter le plaisir et solas
Du bocage et des chams, que je ne seray las
Jamais de rechanter, vostre fureur divine
Vienne or plus que devant échaufer ma poitrine,
Ou soit que le sejour du mont Parnassien
Vous tienne, ou le mont Pimple, ou l'Heliconien,
Ou bien soit qu'Apollon sur sa rive vous meine,
Gentes Muses, dames de la sainte Hippocrene,
Venez ici m'aider, et renforcez le son
Un peu plus que devant de ma belle chanson.
De chacun ne sont pas les fougeres aimées,
Ny les bas buissonnets ; les grans forests ramées
A aucuns plaisent mieux. Je veux sur mon haubois

Ouvert à sept pertuis chanter à ceste fois
La commune liesse, et la resjouissance
Qu'apporte ore la paix dans le sein de la France.
  Io, je te salue, ô bien-heureuse paix!
Tu sois la bien venue, ô saincte paix, qui fais
Maintenant qu'en noz cueurs nouvelle joy' s'alume,
Contrechangeant l'ennuy, qui avoit de coustume
De fascher nostre vie, en repos evident.
Comme un champ de blé est la rosée attendant,
Aprés avoir soufert un long chault qui l'altere,
Et comme au toict l'aigneau est attendant sa mere,
Qui au retour des champs appaiser sa faim doit,
La France tout ainsi ta venue attendoit,
Qui pend armes au croc, et qui pour la trompette
Reprendra le flageol et la douce musette.
  Desormais le berger, dispos, gaillard, joieux,
Entretiendra d'amour la bergere aux beaux yeux,
Faisant bruire son nom dans les forestz prochaines,
Assis au bord des eaux des sacrées fontaines,
Tandis que ses aigneaux d'herbes se saouleront,
Et, saoulez, les chansons à l'ombre écouteront.
Le laboureur ira faire son labourage :
Il ira au marché porter maint gras fromrnage,
Le poullet, le chevreau, sans par toute saison
Qu'un gendarme cruel sacage sa maison.
Le nocher voguera sa navire chargée
Seurement par la mer Oceane et Egée,

Conduisant le marchant qui, avaricieux,
Aux Indes cerchera les lingos precieux.
Le manouvrier fera retentir sa boutique
De mainte chansonnette et de maint beau cantique,
Tout joieux de se voir des daces soulagé
Dont les frais de la guerre avoient son dos chargé.
Le juge vaquera au faict de la police,
Et remettera sus les loix et la justice,
Rendant sans nul delay le droict à l'innocent,
Et du malicieux le forfaict punissant.
Jeux, dances et festins reviendront en usage,
De musique on oira resonner le village,
Et non plus de canons qui souloient étonner
Tout le monde aussi tost qu'on les oioit tonner.
On oira les accors des flustes doux-sonantes,
Au lieu que l'on souloit oïr voix gemissantes
De femmes et enfans. Toute ville et cité
Or se restourera, et en tranquillité
Vivera desormais, et les maisons refaittes
Seront qui par la guerre auront esté deffaictes.
Oisive en son fourreau l'espée rouillera,
Le harnois inutil en un coing moisira,
Au croc reposera et la mace et la lance,
De nuict nous dormirons avecques assurance
En noz lictz, et de jour sous les ombrages frais,
Puis que l'aspre discorde a faict place à la paix.
    Or sus doncques, bergers, qu'allegres je vous voie

Rire et vous réjouir; sus! en signe de joie,
Faictes flamber les feus jusque au ciel, et autour
Sautés depuis le soir jusque à l'aube du jour.
Sus, bergers, reprenez voz gentes cornemuses,
Reprenez vos chansons, et réveillez vos Muses,
Muses tristes naguere, ains qui s'éjouiront
Soudain que de la paix les nouvelles oiront.
J'ay veu en songe Mars, tout debout sur la croppe
Du plus hault Apennin, dire adieu à l'Europe,
Et de là fendre l'air vers les champs Asians,
D'où ne puisse il en ça revenir de mille ans.
Il ne fault ores plus parler que d'allegresse;
Il fault donner congé à la morne tristesse.
La nature, voiez, plus joieuse met hors
De tous ses cabinetz ses plus riches tresors :
De lys, roses, œilletz, est la terre couverte,
Qui comme boutons d'or dessus sa robe verte
Luisent mieux que devant; les plains, les montz, lesprés,
De nouvelles beautés sont peinctz et diaprez;
Oiseletz par les bois ceci chantent et crient,
Sauvages animaux en sautent et en rient,
Nimphes et Satireaux en ont le cueur ravi,
De grand liesse; bref, toute chose à l'envy,
Toute chose à l'envy, qui prend sa nourriture
Dessus la terre mere, et dedans la closture
Des navigables eaux, voyres le ciel tournant,
S'esjouist du bon heur qu'est ceste paix donnant,

Qui me faict esperer et croyre qu'en usage
Quelques traces bien tost du Saturnien age
Doibvent recommencer sous le regne puissant
D'Henry, de tous les roys le roy plus florissant.
Encores de leur gré produyront les campagnes
Le froment nourricier, encores des montagnes
Heureux fleuves de laict et de vin couleront,
Et les chesnes encor le roux miel sueront.
  Anne Montmorancy, ta vertu nompareille
A si bien sceu gaigner et le cueur et l'oreille
De Philippe et d'Henry qu'au plus fort des aprestz
Qu'à la guerre ilz faisoyent, tu les as rendus prestz
A se mettre d'accord, joignant par alliance
D'inviolable neud l'Espagne avecq' la France.
Certes de cet heur grand Dieu en est le donneur,
Et à luy en est deu tout le premier honneur,
Mais le second est deu à la meure sagesse
Qu'en toy il inspira dés ta tendre jeunesse,
Laquelle ore se voit en comble si parfaict
Que le Scythe, l'Indois et le More le sçait.
Tu avois cy-devant au mestier de la guerre
De ta gloyre remply tout le rond de la terre,
Mais l'honneur de ceci, comme plus glorieux,
Remplira de ton nom l'air, la mer et les cieux.
  Noble Montmorancy, en ferme souvenance
Du bien par toy receu, qui nous as de soufrance
Heureusement mis hors, en un val écarté,

Joignant mon petit Loy de longs vergnes planté,
De saules et de houx, de peupliers et d'erables,
Un brave pavillon de feuillées aimables
Treillissé et couvert proprement te feray,
Et dedans un austel de gazons dresseray,
Dessus lequel sera ta figure élevée
De blanc marbre, tenant en une main l'épée,
En l'autre un olivier ; et puis aux deux costez
De cest autel seront deux ronds pilliers entez
Où graver je feray pour durable memoyre
De tes rares vertus et de tes faictz l'histoyre.

    Les bergers à ton los, moy les guidant premier
Avecques le chef ceinct de verdissant laurier,
Tous les ans une fois sonneront mille aubades,
Diront mille chansons, feront mille gambades,
Si qu'autre ne sera mieux venu és forestz,
Qui te recongnoistront pour leur Pan desormés.

POÉSIES DIVERSES

ODES

ODE I

A MONSEIGNEUR DE MARTIGUES,

MESSIRE BASTIEN DE LUCEMBOURG,

Chewallier de l'Ordre, Gouverneur et Lieutenant general

pour le Roy en Bretaigne.

Comme l'on voit communement
Que les gens du bas populaire,
Quand ilz veulent pompeusement
Un appareil de noces faire,
Convient quelqu'un leur voisin,
Homme de nom, riche et notable,
Pour faire honneur à leur festin
Et tenir le hault de la table,

Ainsi souvent les bons espris,
Qui mettent la main à la plume,
Qui du dieu Phebus ont apris
Le gentil art, ont de coustume,
Quand quelque bel ouvrage ilz font,
D'un grand et fameux seigneur mettre
Le beau nom dés le premier front,
Pour donner faveur à leur mettre.

Or moy, cerchant un nom connu
Pour m'en aider à cet exemple,
Devant les yeux tost m'est venu
Le tien, que rend fameux et ample
Ta vertu et le souvenir
De tes ayeux, qu'on te voit suivre :
Je te veux doncq' faire tenir
Le premier lieu dedans mon livre.

Phebus, qui est un Dieu aux Cieux
Et Roy des poëtes, fait dire
Les hautes louanges des Dieux
Aux saintes cordes de sa lyre,
Et nous cet honneur luy quittons,
Qui de son divin sçavoir sommes
Les aprentis, et nous mettons
A louer la gloire des hommes :

Ausquelz est un bonheur plaisant,
Et que chacun aime et souhette,
La louange qu'est degoisant

Dedans ses doux vers le poëte;
Mais luy, sage, indifferemment
Ne donne ses chansons divines
A un chacun, ains seulement
Les donne à ceux qui en sont dignes,

 Ainsi que toy, que le renom,
Et les sceptres et les couronnes
De tant de princes, dont le nom
Par droit de race tu te donnes,
Que tant de seigneurs tes ayeux,
Desquelz la gloyre veritable
Court par le monde spacieux,
Illustrent et rendent louable.

 Et quand tout cela je tairois,
En toy matiere à suffisance
Pour te louer je treuverois,
Et chanterois tes coups de lance
Qu'as faict sentir aux Escossois
Naguere, avecq' preuve notoyre
De vertu, sans aller des roys
Tes majeurs souiller la memoyre.

 De ta loyauté se tenant
Le Roy assuré, de sa force,
Il t'establit le Lieutenant
Dedans le royaume d'Escosse,
Où en grand honneur tu te meis
Dés ta verdoyante jeunesse,

Par les armes que tu y feis,
Témoings de ta haulte proesse.
　　L'homme demeurer longuement
Ne peut en un estre qui dure :
Toujours il cherche changement,
Telle est sa perverse nature :
Sur tout il ne peult soutenir
Le joug en paix, ains il s'efforce
A la liberté parvenir,
Comme faisoit la gent d'Escosse,
　　Lors que ta generosité,
Et ta valeur, et ta sagesse,
Y remeirent l'autorité
De leur legitime princesse,
Au dam des subjectz qui osoyent
S'eslever avecq' main armée
Encontre elle, et luy refusoyent
L'obéissance accoustumée.
　　Mais de tes gestes je remés
Le chant ailleurs, et un beau livre
Faire j'en veux, qui à jamés
Maugré la mort te fera vivre.
Tandis reçoy et pren en gré
D'aussi bon cueur que je te l'offre
Ce present à toy consacré,
Le plus gran tresor de mon coffre.

ODE II

A MONSEIGNEUR DE ROIAN,

GEORGES DE LA TREMOILLE.

Nature, *au commencement*
De ce grand monde où nous sommes,
En ordonnant sagement
Dessus la vie des hommes,
Divers elle a façonné
L'instinct qu'ell' leur a donné,
Dedans les uns elle met
Le cueur, la force et l'audace,
Et en bataille les fait
Porter l'espée et la mace,
Aimans la guerre, et mourir
Pour leur païs secourir.

Cetuy, sans peur du danger
Qu'apporte le navigage,
Court aprés l'or étranger,
Et, poinct d'avare courage,
Sa navire va guidant
D'orient en occident.

Cetuy, poinct d'autre desir,

Fuyant la mer et l'orage,
Sans plus aime le plaisir
Des champs et du labourage,
Et n'éloigne nuict ne jour
De son foyer le sejour.

L'avocat enflé de loix
En un palais se presente,
Où du hault bruict de sa voix
Tout debout il se tourmente,
Pour garder le droit qu'il sent
Estre deu à l'innocent.

Le medecin loue l'art
De sa riche medecine,
Et le souvrain bien qui part
Du just d'herbe et de racine,
Just d'espoir réjouissant
Le malade languissant.

L'un se repaist le cerveau
Des secretz de la nature,
L'un manie le pinceau,
Instrument de la peinture;
L'autre en bosse contrefaict
Un cors vivement parfaict.

L'un consume tout le tens
A la chasse qu'il estime;
L'autre aime le passe-tens
De la chance ou de la prime,

Et un chacun est ainsi
Tiré d'un divers souci.

Quant est de moy, je me vei,
O Seigneur, dés mon enfance
Assez doucement ravi
De cette noble science
Que donnante la bande est
Des neuf Sœurs à qui luy plaist.

Vray est que le peu d'honneur
Que porte à ces neuf Charites
Ce siecle, ingrat güerdonneur
De tous vertueux merites,
M'a fait d'esprit, d'ieux et mains
Fouiller les loix des Romains.

Mais tandis ne sçay comment
Ces fillettes nompareilles
Me voyent mignardement
Tousjours flater les oreilles,
Si qu'oncq elles n'ont permis
Qu'en obli les aye mis.

Certe heureux est celuy là
Que leur douce erreur amuse,
Heureux est celuy qui a
Ce doux present de la Muse,
De pouvoir par un vers beau
Tirer son nom du tumbeau.

Les vers sont aimez des Dieux,

Les vers foulent la puissance
De la mort, dedans les cieux
Les vers ont pris leur naissance,
Qui ne les ottroye pas
A un chacun d'ici bas.

  Bien que ceux qu'ici je fais
Ayent encor le son tendre,
Un jour d'autres plus parfaicts
J'espere te faire entendre,
Ayant gagné quelque pris
Entre les meilleurs espris.

  Puissé-je tant augmenter
De sçavoir et de facunde,
Que tost je puisse chanter
Dignement ton los au monde.
Des grans est le los divers
Le propre subject des vers.

  Puissé-je de tes ayeux
Dire l'antique noblesse,
Qui laissé en divers lieux
Exemple ont de leur proesse,
Et d'autres maintes vertus
Dont ilz furent revestus.

  Lors possible te sera
Plaisant le chant de ma Muse,
Quand brave elle chantera
Ta race, qui tant fameuse

De son renom florissant
La France va remplissant.

ODE III

A MONSEIGNEUR LE CONTE DU LUDE,

MESSIRE GUY DE DAILLON,

Chevalier de l'Ordre,

Gouverneur et Lieutenant pour le Roy en Poictou.

CELUY qui s'est de vertu
   Ici bas durant sa vie
Contre fortune et l'envie
Et le hurt du tens vestu,
Celuy d'une façon belle
Se fait place au rang des Dieux,
Et se colle au dos une aisle
Propre à voler dans les cieux.
   C'est beaucoup que d'estre né
Adroit et beau de corsage,
C'est beaucoup qu'un grand lignage
De fameux tableaux orné,
C'est chose grande estimée
Avoir tresors entre mains,

Et veu sa richesse aimée
Estre admirable aux humains.
    Mais beaucoup plus que cela
Est la vertu precieuse
A louer, qui plus heureuse
Rend la personne qui l'a ;
La vertu fait reconnoistre
Les chetis d'avecq' les bons,
Vertu les hommes fait estre
Des souvrains Dieux compagnons.
    Aussi genereusement
Tu l'as dés enfance aprise,
Seigneur, et pour guide prise
A cheminer droitement :
Elle flamboyante et clere
Dessus ton beau front reluit,
Comme un astre qui éclaire
Parmi l'obscur de la nuict.
    Muses, laquelle de vous
M'inspirera à ceste heure
De ses graces la meilleure,
Affin qu'avecq' un vers doux,
Je me face ores entendre,
Depuis là où le Soleil
Pour reposer se vient rendre,
Jusqu'au lieu de son reveil ?
    La vertu, riche ornement,

ODE III

Mieux que l'or l'homme decore,
Mieux que soie, pourpre et encore
Que tout autre parement,
Et le poëte, qui luire
Comme un cler soleil la voit,
La chante dessus sa lyre
D'un chant qui mourir ne doit.

Du grand Pindare la voix
Dessus sa lyre d'ivoire
Mainte olympique victoire
Chanta jadis, et des Rois
Feit les béantes oreilles
Divinement réjouir,
Etonnez de ses merveilles,
Lors inconnues, ouyr.

Avecq' ses vers bien séans,
Qu'il faisoit bruire en la sorte
D'un torrent d'eau roide et forte
Dessus les bors Dirceans,
Il sonna brave la gloire
Des jousteurs les plus vaillans,
Si bien que d'eux la memoyre
Durera maugré les ans.

Homere a d'Agamemnon,
Et de la greque noblesse,
Par sa muse chanteresse,
Fait immortel le renom,

Et le Calabrois Horace
Dessus son beau luth doré
Fait encor vivre la grace
De son Mecene honoré.
    Aussi, si j'ay ce bon heur
Que les vers que je compasse,
Imitant d'iceux la trace,
Rencontrent quelque faveur,
Tes vertus estincelantes
Tout par tout je publiray,
Et les ages renaissantes
Parler de toy je feray.
    Plus tost que le jeune archer
Adroit à prendre sa mire
Ne fait l'aigu de sa vire
Sur l'ennemy decocher,
Ta meritée louange
Mes vers aislez porteront
Jusques au Nil et au Gange,
Qui bien les écouteront,
    Disans entre autres l'honneur
Que t'a le Roy, nostre Prince,
Fait, de si noble province
Te commettant gouverneur,
Gouverneur qu'honore et prise
Tout le peuple également,
Tant en ta charge commise

Tu te portes sagement.
  Que si loué par raison
Est cil qui sans vitupere
Regist, gouverne et tempere
Son menage et sa maison,
Combien avons-nous matiere
De louer et illustrer
Celuy qui sçait une entiere
Republique administrer !
  Tu as un autre bien-faict :
Le bel ordre que ne donne
Le Roy à toute personne,
Qui à toy cet heur a faict,
En loyer et recompence
Des services anciens
Et recens qu'à nostre France
Avez faictz toy et les tiens.
  Muse, où s'écarte ta voix ?
Grande est pour toy ceste charge ;
Retourne, si tu es sage,
A mes bergers dans les bois :
Pour avoir pris sa volée
Un peu trop hault dedans l'air,
Icare la mer salée
De son nom feit appeller.

ODE IV

A MONSEIGNEUR DES ROCHES BARITAUD,

PHILIPPE DE CHASTEAU-BRIAND.

Quand la superbe cité
Du Roy Priam eut esté
Par le gendarme grec prise
Qui feit dix ans ses effors
Devant ses murs haults et fors
Pour la voir en cendre mise,
   Ulisse Dulichien
S'en alloit au païs sien,
Et avecq' maint autre Prince
Faisoit ses barques ramer
Sur l'échine de la mer,
Pour retrouver sa province.
   Mais un vent tempetueux
Sur les flots impetueux
Eleva un fort orage,
Qui loing Ulysse emmena,
Et autre part détourna
Son entrepris navigage.

De mer les flots violens
Le pousserent et des vens
La furie debridée
Vers les rivages herbus
Ou la fille de Phebus
Sa demeure avoit fondée.
 Là fut le tres-bien venu
Ce heros et retenu
Par la sçavante sorciere;
Mais ses compagnons amis
Furent par elle tous mis
Hors de leur forme premiere,
 Car eux, qui de trahison
Rien ne doutoyent, la poison
Beurent à gorge alterée,
Qu'elle de just leur brassa
Enchanté, puis leur versa
Dedans sa coupe dorée.
 Soudain aprés avoir beu,
Disparoir eussiez veu
En eux l'humaine figure;
De piedz, testes et de peaux,
Ils devindrent gros porceaux
Et grongnerent tout à l'heure.
 Ulysse seul échapa,
Car Mercure l'equipa
D'une prospere racine,

ODE IV

Qui luy fut contre poison,
Pour eviter la poison
De la sorciere maline.

   Ainsi la Circe souloit
Muer chacun qui alloit
Aborder à son rivage
En figure de porceau,
Ou en figure d'oiseau,
De loup ou d'asne sauvage.

   Qui sont les enchantemens,
Qui sont les medicamens,
Et les poisons de la Circe,
Sinon les affections,
Et les perturbations,
Qui nous conduisent au vice?

   Les hommes qui sans cesser
Se travaillent d'amasser,
Et qui sans soing d'où provienne
Leur bien en prennent sur tous
Violemment, sont les loups
De ceste magicienne.

   Ceux-là qui leur deïté
Fondent en la volupté
Et dissolue et enorme,
Des bons vins et des morceaux,
Ce sont les sales porceaux
Que la Circe nous transforme.

ODE IV

   Ceux qui sont tardis et lens,
Ceux qui sont d'esprit volans,
Qui n'ont arrest ny demeure,
Ce sont les asnes brayans,
Ce sont les hommes ayans
Pris des oiseaux la figure.

   Et la prudence et raison
Furent la contrepoison
Que donna au bon Ulysse
Le Dieu des Dieux messager
Pour le sauver du danger
Et des charmes de la Circe.

   Car d'icelle le sçavoir
N'a dessus l'homme pouvoir,
Qui, acort, prudent et sage,
S'est de la raison vestu,
Et a aimé la vertu
Dés son premier et jeune age,

   Comme toy, noble Seigneur,
Qui, poinct de gentille ardeur
D'apprendre et voir, ta jeunesse
As par mainte nation
Duitte, à l'imitation
Du plus fin prince de Grece.

   Poursuy de pied non lassé
Ton chemin encommencé :
Oncq' homme de bonne sorte

Ne se repentit d'avoir
Cherché avecq' tout devoir
L'honneur et ce qui l'apporte.

ODE V

LE POUPON.

A JEHAN LETOURNEUR,
Seigneur de la Bossonniere, son oncle.

Les uns, de brave fureur
Epris, entonnent l'horreur,
Le sang, les coups et les armes
De noz valeureux gendarmes ;
Les uns, à qui n'est plaisant
Subject si haut et pesant,
Chantent d'amour les flammeches,
L'arc, le carquois et les fleches,
Le plaisir et le tourment
Qu'ilz reçoivent en aimant ;
D'autres encores ont cure
De rechercher la nature
Et ses secretz hardiment,

ODE V

Montans jusque au firmament.

Moy, qui n'ay pas l'aisle aprise
A si hardie entreprise,
Je ne veux si hault monter,
Seulement je veux chanter,
En ma basse et tendre rime,
Un petit fruict que j'estime
Plus que tout le firmament,
Et plus que le chault tourment
D'amour, et plus que les armes
De noz valeureux gendarmes :
C'est le beau poupon doré,
Par les jardins adoré.

Sus donc, déesses fruitieres,
Sus, déesses jardinieres,
Inspirez-moy un vers bon,
Pour rendre du beau poupon
La louange à tous notoire,
Car vostre en sera la gloyre.

Quand informée eust esté
La Terre, à la verité,
Que des nopces de Pelée
Et de la fille à Nerée
Estoit l'assignation
Dessus le mont Pelion,
Elle, grandement joyeuse,
Et se reputant heureuse

Dequoy par arrest des Cieux
Un festin si precieux
Et feste si solennelle
Se devoit faire chez elle,
Delibera faire voir
Sa richesse et son avoir,
Et magnificque apparoistre
Aux Dieux qui là devoyent estre.

Le meilleur de son tresor,
Ses diamans et son or,
Incontinent elle apreste,
Elle orne de fleurs sa teste,
Elle met la main au fons
De ses cabinetz profons,
D'où ses atours de plaisance
Tire hors et les agence ;
Ses vers tapis sont tendus ;
Aux arbres siens sont pendus
Maints bons fruicts de toute sorte ;
Ell' mande qu'on luy apporte
De l'Orient plantureux
Le bausme et mirrhe odoreux.

Divers animaux ensemble
En un troupeau elle assemble ;
Ell' fait amas de miel roux,
De cannelle et succre doux,
Et sur tout elle n'oblie

ODE V

L'excellente malvoisie.
Mais encores tout cecy
N'a contenté son soucy,
Et pour la rendre admirable
A l'assemblée honorable
Ne luy semble suffisant :
Avecque un nouveau present,
Et plus digne qu'on l'admire,
Elle souhette et desire
Ceste troupe recevoir,
Et aux grands Dieux faire voir
Sa richesse nompareille.

Comme la mielleuse abeille
De ceste fleur que voici,
Et de ceste et celle aussi,
Industrieusement menage
Au tens d'esté son ouvrage,
La Terre ainsi le meilleur
Tria l'eslite et la fleur
De sa diverse opulance,
Et en feit une semence.

« O (ce dict-elle) Elemens,
O mes freres animans
Ce monde rond, de nature
Les ministres, à cette heure
Si oncq oyez mon souhet,
Et favorisez l'effet

De mon emprise louable
Par vostre force immuable. »
   Puis la semence ell' jetta
Dans son ventre, et la porta
Peu de tens, car, terminées
Les trois premieres journées,
D'elle un beau matin sortit
D'herbe un vert tige petit,
Mais de là à peu d'espace
Qui couvrit une grand place.
   Nature, qui regardoit
Combien la Terre attandoit
Voir de ceste plante heureuse
L'evenement, soucieuse
De l'avancer et haster,
Se mit à la merqueter
D'un bel ordre de fleurettes,
Ainçois plus tost d'estoilettes,
Où tout à coup se forma
Ce fruit que la Terre aima
Sur toute chose créée,
Car, de le voir recréée
Si trespoupin et mignon,
Elle luy donna le nom
De poupon, et pleine d'aise
Le baise, et puis le rebaise,
Ne pouvant point voir assez

De luy ses beaux yeux lassez.
   Or, venue la journée
Pour les noces ordonnée,
Voici venir les Dieux tous,
Voici l'espouse et l'espoux
Sur la cime bigarrée
De la montagne et parée
Jà jà tout expressement
De maint floreux ornement.
   La Terre, de leur venüe
Toute gaie, les salüe,
Le petit après le grand.
Puis chacun sa place prend
Autour des tables couvertes
D'une infinité de sertes :
Au dedans l'antre percé
De jaune et vert tapissé,
Du sage Chiron à l'heure
La solitaire demeure,
Car rien n'avoit pas omis
Du bien à elles commis
Cette bonne et prude mere
Pour leur faire bonne chere ;
Mais par sur tout la beauté
Du poupon et la bonté
A la gentille assemblée
D'esbahissement comblée ;

ODE V

Et, si tost que Juppiter
Se fust pris à la gouster :
« Voici (dit-il) qui excelle
Nostre ambroisie immortelle. »
Et puis il le trançonna,
Et aux autres en donna,
Qui comme luy l'admirerent
Et grandement estimerent
La Terre et son hault pouvoir,
Sa richesse et son avoir.
   O gentille creature
En qui la Terre, ains nature,
A de son riche bonheur
Prodigué tout le meilleur,
Qui pourroit dire ou escrire
Tes louanges à suffire ?
Tu passes tout autre fruit
Que la Terre nous produit
En grande bonté ; tu passes
En beauté l'or, tu surpasses
En friandise et douceur
Sucre et miel, et en odeur
Le bausme, le musc et l'ambre,
La cannelle et le gingenbre
En saveur, si qu'à bon droit
Reputer heureux se doit
De t'avoir l'humain lignage

ODE V

Ici bas pour son usage,
Car digne tu serois mieux
D'apaster au ciel les Dieux
Que la celeste ambrosie,
Qui leur bouche resaisie.

Les malades leur recours
Ont souvent à ton secours :
Ta chere à ceux est souvraine
Qui ont la veue mal saine ;
Le visage tu polis ;
Tu detrempes et molis
Le vantre dur ; ta racine
De propice medecine
Sert pour le vomissement ;
Ta fueille est l'allegement
De la cuisante blesseure ;
Tu es contre la morsure
Des chiens plain d'utilité ;
Aux plus lons jours de l'esté,
Alors que la canicule
Plus les cors échaufe et brusle
Du feu de ses raiz ardens,
Tu rapaises au dedans
Le chault qui nous importune,
Par ta frescheur oportune ;
Et, pour le plaisir content
Que les Dieux en te goustant

Jusques en l'ame sentirent,
De ces vertus te benirent.

 Je parlerois des beaux traitz,
Des figures et portraitz
Que la nature qui t'aime
Avecq' artifice extresme
Sur ton escorce est gravant,
Si qu'ouvrier, tant soit sçavant,
Ne sçauroit jamais tant faire
Que de bien les contrefaire.

 Mais il est tens mettre fin
A tes louanges, affin
Qu'ennuieux trop ne me sente
Cil à qui je te presente :
C'est mon oncle le Tourneur,
Des braves jardins l'honneur,
Qui prise ton excellence,
Ta nature et ta semence.
Va t'en donc, petit poupon,
Va t'en, mon petit mignon,
Tout droit à sa Baussonniere,
Maison belle et singuliere,
Où, je t'assure, un cartier
Il te donra tout entier
De son jardin, qui surpasse
En industrie et en grace
Ceux du Roy Corcirien,

Et qui ne cedde à ceux rien
De l'Ericine princesse,
Ni à ceux desquelz sans cesse
Le fier dragon, feu dardant,
Estoit l'entrée gardant.

ODE VI

EPITHALAME

DE NICOLLAS LE TOURNEUR, SEIGNEUR DE BREBURE

Son cousin

ET DE ANNE LE VENIER.

Subout qu'on quitte ces tables,
Ces platz, ces potz et ces fables,
Sus, amis, que tardez-vous ?
Il est tens que l'hymenée
Soit chanté, et que donnée
Soit l'espouse à son espoux.
Hymen, hymen, hymenée !
O hymen, ô hymenée !
    Vesper, lumiere dorée

ODE VI

Des beaus amans adorée,
Eclaire au ciel long tens a :
Or sus doncque qui sera ce
Qui premier de bonne grace
Hymen, hymen chantera?
Hymen, hymen, hymenée!
O hymen, ô hymenée!
   Un de toute l'assemblée
Pour tes noces assemblée,
Mon Tourneur, disoit ceci,
Quand trois pucelles honestes,
Qui desja se tenoient prestes,
Bien hault chanterent ainsi :
Hymen, hymen, hymenée!
O hymen, ô hymenée.
   Vesper, estoille dorée,
Fille de la Cytherée,
Des estoilles la beauté,
Las! tu fais office inique
Quant à l'amour impudique
Tu concedes ta clarté.
Hymen, hymen, hymenée!
O hymen, ô hymenée!
   Mais, quand du chaste hymenée
La vierge est acompagnée,
Lors un chacun va louant
Son amour qui est sans vice,

Et l'amiable service
De ta lumiere avouant.
Hymen, hymen, hymenée!
O hymen, ô hymenée!

Ici, ô chere compagne,
Le bel hymen t'acompagne;
Vierge, baille donc la main
A ton mari qui t'apelle,
Qui autant que tu es belle
Te sera dous et humain.
Hymen, hymen, hymenée!
O hymen, ô hymenée!

Mais où, pucelle d'eslite,
Bien que grand soit le merite
De ta fortune, eusses-tu
Trouvé un mari plus sage,
Et mieux formé de corsage,
Et mieux orné de vertu?
Hymen, hymen, hymenée!
O hymen, ô hymenée!

Et en quelle autre contrée
Par toy, mari, rencontrée
Une autre espouse eust esté
Qui seroit de toy plus digne,
Et qui seroit plus insigne
En biens, en meurs et beauté?
Hymen, hymen, hymenée!

ODE VI

O hymen, ô hymenée !
   Heureux est le mariage,
Quand un libre et franc courage
Lie ensemble deux amans,
Tel que celuy qui or' lie
D'une mesme sympathie
La jeune fleur de voz ans.
Hymen, hymen, hymenée !
O hymen, ô hymenée !
   Celuy qui a par la plaine
Les sillons dont elle est pleine
Conté, celuy contera
Voz jeux mignars et le nombre
Des plaisirs que la nuict sombre
Desormais vous donnera.
Hymen, hymen, hymenée !
O hymen, ô hymenée !
   Celuy qui a veu la chaisne
Du liarre autour du chesne
Tortissement se collant,
Il a veu la façon mesme
Dont avecq' ardeur extresme
Vous vous irez accollant.
Hymen, hymen, hymenée !
O hymen, ô hymenée !
   Allés, et, couple jolie,
Un bel enffant qui vous rie

_Tost vous doint Dieu par bon-heur,
Duquel emmy le visage
Soit empraint au vif l'image
De son pere Le Tourneur._
_Hymen, hymen, hymenée!
O hymen, ô hymenée!_
  _Dieu vous doint tost filz qui croisse,
Tant que dans luy se connoisse
L'honeste pudicité
De sa gracieuse mere,
L'integrité de son pere,
La douceur et la bonté._

ODE VII

PRISE DU LATIN DE BOECE

A RENÉ GUYOT

Archidiacre et Official de Luçon.

Heureus _estoit, quant bien j'y pense,
L'age premier, qui ne suivoit_
Les delices et ne vivoit
D'une superflue deppense.
  Lors, ô saison heureuse et sainte,

ODE VII

L'homme, Guyot, se contentoit
Du bien que le champ apportoit
De sa nature, et sans contrainte.
   L'homme paissoit de glan sauvage
Sa faim et de miel doucereus,
Du pain et du vin savoureus
N'ayant encor appris l'husage.

   De laine pure et naturelle
Sa robe porter il souloit,
Et au pourpre ne la mesloit
Pour la cuider rendre plus belle.

   Sans crainte de mal ni d'encombre,
D'herbe et de fleurs son lit fasoit,
Et ennuié se reposoit
Dessous les vers arbres à l'ombre.

   L'eau estoit son boire ordinaire,
Et, ayant soif, pour l'étancher,
Il s'en alloit à dent coucher
Au bord d'une fontaine claire.

   A la merci des ondes fieres
Soumis ne se faisoit porter,
Pour de richesse s'augmenter,
Jusques aux rives estrangeres.

   De guerre et des armes sanglantes
Il n'estoit alors mention,
Et n'estoit point l'invention
Trouvée des trompes sonnantes.

Car pourquoy eust-on faict la guerre,
Veu le danger qui n'en est vain,
Et qu'on n'en pouvoit aucun gain,
Sinon la mort, à l'heure acquerre?

O pleust à Dieu, auquel abonde
Tout infiny pouvoir, qu'encor
Ce vieux siecle, qui fut tout d'or,
Retournast maintenant au monde.

Mais quoy! ardens sur la richesse,
Les hommes du tens present sont
D'un feu plus chault qu'il n'est au mont
Qui brusle en Sicille sans cesse.

Maudit celuy qui premier entre
Tous les humains la terre ouvrit,
Et qui les tresors découvrit
Qu'elle cachoit dedans son ventre!

ODE VIII

PRISE DU MESME AUTHEUR

A LANCELOT VOISIN

Son cousin.

Une seule et mesme main
Crea tout le genre humain,
Et toute chose obtempere
A un seul et mesme pere :
C'est luy (mon cousin) qui feit
Le Ciel mouvant, et qui meit
Dedans sa vouste azurée
La grande lampe dorée
Du soleil, et les feus beaux
Des autres moindres flambeaux ;
C'est luy qui dans la mer creuse
Logea la bande écailleuse
Des poissons, et qui voler
Feit les oiseaux dedans l'air,
Et qui la terre où nous sommes
Feit la demeure des hommes,
Qu'il anima tous d'espris

ODE VIII

Au ciel divinement pris.
Puis que toute creature
Raporte doncq' sa facture
A un seul commencement ;
Puis que Dieu égallement
Nous feit tous à sa semblence
Et d'une mesme semence,
Pourquoy doncq aucuns vont tant
Leurs grands ancestres vantans,
L'antiquité et vieillesse
De leur lignée et noblesse ?
Pourquoy mettent si souvent
Leur origine en avant ?
Celuy seul'ment degenere
Du premier autheur et pere
Qui se donne tout en proye
Au vice, laissant la voye
Et le chemin moins batu
Qui conduit à la vertu.

ODE IX

PRISE DU MESME AUTHEUR

Plusieurs *princes et rois,*
  Que reposer tu vois
Dedans chaises dorées,
De robes purpurées
Pompeusement ornez,
D'armes environnez,
Et portant en la face
Une effroiable audace,
Ilz n'ont rien de grand, fors
Ce qu'ilz montrent dehors :
Ilz sont en aparence
Pleins de manificence,
Mais le dedans gennez
Ils sont, et enchainez
De passions diverses
Et de mille traverses :
Car leur cueur tout autour
Ronge comme un vautour,
Travaille et tirannise,
L'amour, la paillardise

Et la presumption,
L'ire et l'ambition ;
Et le desir les pince
D'estendre leur province,
Ou un plus grand souci
Encor. Si doncq' ainsi,
Si doncques telle bande
De tirans leur commande,
Quoy qu'ilz ayent planté
De biens et à suffire,
Cousin, peuvent-ilz dire
Qu'ilz ayent liberté ?

GAIETÉ

D'UN ŒILLET OTÉ A S'AMIE.

OEILLET, ô gentil œillet,
   Odoreux et vermeillet,
Je veux ici ton bel estre
Chanter et faire connoistre
A nostre posterité,
En faveur de la beauté,
Et bonne grace de celle

GAIETÉ D'UN ŒILLET

Mignardelette pucelle
A qui t'ostay doucement,
Plus de son consentement
Que de contrainte forcée,
Qui peust l'avoir offencée ;
Mais je t'ostay toutefois
Par la force de mes dois,
Et t'avoir eu de la belle
Tendrelettement rebelle
En don vanter ne me puis,
Infortuné que je suis.
  Elle t'avoit sous la toille,
Ainçois le bienheureux voille
Qui tient couvert son tetin
Entrevis hier matin,
Et sur le jour rencontrée
Que je l'eu, de prime entrée,
Amour, qui mes yeux guidoit,
Les prit et porta tout droit
Dessus sa blanche poitrine,
Où de ta couleur pourprine
Le tinct j'apperçu soudain :
Je y voulu mettre la main ;
Elle, farouche, me pousse,
Mais d'une force assez doucc,
Car nonobstant sa rigueur
Je demeuray le vainqueur.

OTÉ A S'AMIE

Ah! œillet, plus je te prise,
Et trop plus te favorise,
Œillet, ô divin œillet,
Odoramment vermeillet,
Que si cuilli la Ciprine
T'eust de sa main ivoirine
Au pourpris Cytherien,
Ou au jardin Gnidien :
Car tu as esté cuillie,
Ma petite fleur jolie,
De la main que j'aime mieux
Dix mille fois que mes yeux,
Que mon cueur ni que ma vie.
Hé! Dieu, que j'ay grande envie
D'au lieu d'elle te baiser,
Voire de te rebaiser :
Çà doncq', çà, que je te baise,
Çà, çà, que je te rebaise.
O bon Dieu, bon Dieu, que d'heur!
La vertu de ton odeur,
A qui nulle autre s'égalle,
Me pourra de la mort palle
Cent mille fois retirer.

A toy ne fault comparer,
Œillet, ma cure doucette,
Bausme, ne musc, ne civette,
Ne tout ce que va cerchant

L'avaricieux marchant
Parmi la terre arabique
Pour en faire ici trafique.
Bien le sçai, divin œillet,
Œillet poupin et douillet,
Car du meilleur qui s'y treuve
Et de toy j'ay faict l'epreuve,
Œillet de moy bien aimé,
Heureusement parfumé
Dedans le rond sein de celle
Mignardelette pucelle
A qui t'ostay doucement,
Plus de son consentement
Que de contrainte forcée,
Qui peust l'avoir offencée.

 Mais las! las! je n'en puis plus,
Je demeure tout confus,
Et plus un mot ne puis dire,
Tant forcené je soupire
Pour un regret qui me poinct :
C'est de quoy ton embompoint,
Petit œillet que j'adore,
Que j'admire et que j'honore,
Bien tost, helas! fanira,
Et ma vie languira
Demimorte et éperdue,
Ayant la joie perdue

Qu'elle avoit de ton odeur,
Durant la gaie frescheur
De ta beauté non fardée :
Que n'ay-je l'art de Medée,
Ou de Circé le sçavoir ?
D'un merveillable pouvoir
Je ferois la vie tienne
Reflorir, tant que la mienne
Se trainera ici bas,
Si bien qu'un mesme trepas
Nous envoieroit tous deux boire
En l'onde de la nuict noire.

CHANSON I

Si pour endurer en aimant,
Si pour aimer fidellement,
Et avecq' entiere constance,
Aucun merite recompence,
　J'en appelle à témoings les cieux
Qui voient tout, si homme mieux
Que moy se treuve au monde digne
D'avoir sa maistresse benigne.

*Mais un malheur desordonné,
Qui quand et moy sur terre est né,
Et qui m'accompagne sans cesse,
Tout mon beau merite renverse.

Car qu'or que fasse tout devoir
De vray amant pour faire voir
A une combien je la prise,
Toutefois elle me méprise.

Elle oit mes lamentations,
Elle voit bien les passions
De la douleur qui me surmonte,
Et toutefois ell' n'en tient conte.

Belle, je n'ay, ne nuict, ne jour,
Par vous de repos nul sejour,
Et vostre rigueur inhumaine
A mort triste et dure me meine.

Helas! voyez mon pale front,
Le mal que voz beaus ieux me font,
Vous y pourrez connoistre et lire
Mieux que je ne vous le puis dire.

Le renouveau tant de couleurs
N'aporte comme de douleurs
Je sens en ma triste pensée
Du feu d'amour toute incensée.

Je vey en feu ardent et chault,
Auquel la flambe oncq ne default,
Et suis un monstre miserable,*

A la salemandre semblable.

*Filles, je croy qu'il n'est pour nous
Hommes un autre enfer que vous,
Tant est grand le mal qu'à toute heure
Par une cruelle j'endure.*

*Vous vous repaissez de nos pleurs
Comme faict l'abeille de fleurs,
Et la cigalle de rosée
Dont à l'aube est l'herbe arrosée.*

*De nous, en voz beautez ravis,
Sont voz propos et voz devis,
Et d'avoir sur nous la victoire
Vous faites vertu et grand gloire.*

*Mais la vraie gloire du veinqueur,
N'est pardonner d'un noble cueur
Au veincu, pourveu qu'il se rende
Et que pardon humble il demande?*

*Lors le veinqueur bon et humain
Au pauvre veincu tend la main,
Et par pitié qui l'y convie
Il luy remet et biens et vie.*

*Las! tendez-moi la main ainsi,
Dame, et ayez de moy merci,
Car je me rends, et si confesse
Que vous estes de moy maistresse.*

*Ma vie et ma mort vrayement
Sont en vostre commendement,*

Mais l'honnesteté vous convie
A me laisser sauve ma vie.
  Quel bien ma mort vous causera?
Certes nul, mais ell' vous sera
Sans fin un reproche et un blame
Qui souillera vostre belle ame.
  Et au contraire, en me sauvant,
Tant qu'au monde seray vivant,
Vous aurez, si vous voulez, belle,
En moy un serviteur fidelle.
  Mais, las! vous ne le voulez pas,
Vous m'aimez mieux voir au trépas,
Tant vostre arrogance s'obstine
En mon assurée ruine.
  Si n'en suis-je tant irrité
Encontre vostre cruauté,
Comme encontre ma destinée
A tout malheur toute adonnée.
  Tous les beaux astres radieux
Qui là sus ardent dans les cieux
Luyrent sur moy, à ma naissance,
D'une malheureuse influance.
  Car est-il un signe plus seur
D'un homme comblé de malheur?
Tout ce que j'ayme m'a en haine,
M'a en mepris et me desdaigne.
  Mort doncq', la fin d'estranges maux

Qui es à tous les animaux,
Tire moy dehors de ce monde
En l'heur de la vie seconde.

 Car cette-ci trop me desplaist,
Pour un malheur qui se repaist
De mon las cueur et de mon foie,
Comme l'oiseau fait de sa proie.

CHANSON II

GENTIL rossignolet,
Honneur du vert bocage,
Qui dans ce ruisselet
Mirer ce beau visaige
Vois m'amie souvent,
Dés le soleil levant,
 Et qui souvent la vois
Venir toute seulette
Ici prés dans ces bois
Cuillir la violette,
Et les nictz nouvelletz
Chercher des oiseletz,
 Dy luy en ma faveur

CHANSON II

Que le beau de sa face
Est semblable à la fleur
Qu'au matin elle amasse;
Or en est beau le teinct,
Qui sera tost esteinct.

Dy luy qu'elle ne soit,
Pour estre ore jolie,
Fiere, et que se deçoit
Qui en cela se fie,
Qu'il ne faut esperer
Pouvoir gueres durer.

Dy luy qu'un tens choisir
Meilleur ne pourroit-elle
Pour l'amoureux plaisir
Qu'or que jeune est et belle,
Car nully n'en voudra
Quand l'age la prendra.

Dy luy que desormais
Ses rigueurs et outrages
Ell' quitte pour jamais
Aux animaux sauvages,
Et que la cruauté
Sied mal à sa beauté.

Dy luy le grand tourment
Que supporte et endure
Mon las cueur en l'aimant :
Au moins, par adventure,

Quand de toy ell' l'oira
Pitié elle en aura.

 Dy luy doncq tout cecy,
Et, pour t'en reconnoistre,
Je la priray aussi
De laisser au nic croistre
Tes petis, sans chercher
A te les denicher.

———

CHANSON III

Dieu te gard, feuillu chasteigner,
Dieu gard ton ombreuse ramée,
Sous laquelle ma mieux aimée
Un baiser me donna l'autre-hier.
 Priée l'avois ardemment
D'octroyer cest heur à ma bouche
Des fois cent ailleurs, més farouche
Me repoussoit cruellement.
 Si me voioit d'elle approcher,
Fuyr souloit toute sauvage;
Si la suivois, pleine de rage,
Les yeux me vouloit arracher.
 Mais l'autre jour que la trouvay

*Regardant paistre sous ton ombre
De ses aigneaux le petit nombre,
Assez douce je l'épreuvay.*

 *Puissé-je, la trouvant à poinct,
Encor un coup, sous ta verdure,
Obtenir d'elle à la bonne heure
De son amour le dernier poinct.*

 *Ainsi, chasteigner, ne sois-tu
Oncq mis de coignée par terre,
Ainsi ne sois-tu du tonnerre
Ne des vens jamais abatu.*

A DIEU A L'AMOUR

*A Dieu Venus et son brandon,
A Dieu le petit Cupidon,
A Dieu l'amoureuse liesse :
Ah! que la fragille jeunesse
En vous est follement usée !
Vous avez la mienne abusée,
M'apatant au commencement
D'un amiable traittement,
Duquel assez me contentois,
Voyres heureux me reputois,*

A DIEU A L'AMOUR

Si vostre douceur piperesse
En une aparante rudesse
Vous n'eussiez soudain changé,
Qui fait que prens de vous congé.
Telle est tousjours vostre coustume :
Changer le miel en amertume.
A Dieu doncq l'arc, à Dieu la fleche
Qui feit dedans mon cœur la breche
Par laquelle entra le souci,
Auquel je dy à Dieu aussi.
A Dieu la belle de qui l'œil,
Que j'acompare au beau soleil,
Me jetta l'ardente estincelle
Qui fait qu'encor j'ay regret d'elle,
Mais à Dieu, puis qu'en recompense
De ma foy et perseverance
Ne me donne que soings cuisans,
Minans les plus beaus de mes ans.
A Dieu sa bouche tant vermeille,
Au rubis d'Orient pareille ;
A Dieu les beaus lys argentez
Dedans à double rang plantez ;
A Dieu l'albastre de sa main ;
A Dieu son parler tant humain,
Mais qui sous feinte privauté
Cache une grande cruauté.
Ja chastement j'avois envie

De la servir toute ma vie,
Mais tout mon zele et mon devoir
N'a sceu l'impiteuse emouvoir,
Et tant plus la prie et la flate,
Tant plus vers moi se montre ingrate.
Voylà le gentil traittement
Qu'Amour baille ordinairement
A ceux qui vont à son service,
Car, si s'en treuve un qui jouisse,
Mille y en a, on le voit bien,
Qui n'en rapportent autre bien,
Autre loyer, sinon un nombre
D'ennuis, de refus et d'encombre.
Plus souvent lamentations,
Regretz, soupirs et passions,
Sont le paiement qu'Amour donne
A quiconque à luy s'abandonne.
Tu en as eu experience,
Prince de Delphe, et la science
De tes herbes allegement
Ne te sceut donner au tourment
Que tu souffris, passionné
Pour la Thessalique Daphné,
Car elle eut tes sanglots et cris
Et tout ton pouvoir en mepris.
Et toy, Roland, qui fanatique
Devins pour l'amour d'Angelique,

Ayant plus aimé l'inconnu
Que toy dont elle avoit connu
Et espreuvé, en façon mainte,
La foy et l'amitié non feinte.
Mal'heureux doncq, qui sa raison
Laisse charmer à la poison
D'amour, et qui à ses merveilles
Trompeuses preste les oreilles.

LE RAVISSEMENT D'HYLLAS

L'ENFANT Amour, cet archerot aislé,
Ce Dieu lasif, cet enfant evolé,
Soit que Venus en ait esté la mere,
Et le fier Mars, ou quelque autre, le pere,
Il est cruel, et l'effort de ses mains
N'estend seulment sur nous, chetifz humains,
Ains aussi bien s'attache son audace
Aux Dieux puissans et à ceux de leur race,
Ardant leur cueur souvent pris et donté
Sous quelque object de parfaicte beauté.
De son ardeur, ainçois venin qui brusle
Veines et os, le tugéant Herculle

Fut poinct, alors que, veinqueur, il se veit
Veincu d'Hyllas, qu'il ota et ravit
Enamouré à son pere par force,
Lequel en vain à l'encontre s'efforce.
Un jeune enfant estoit adonc Hyllas
De grand espoir, filz de Theodamas,
Qui pour raison de sa beauté louable
Fut maintesfois à plusieurs admirable ;
Mais par sur tous bien avant l'imprima
Dedans son cueur Herculle, qui l'aima
Comme son filz, car en toute proesse
Il enseigna sa docille jeunesse,
Et luy montra le chemin de venir
A la vertu, et comme à l'advenir
Laisser pourroit une memoyre seure
De son renom à la race future.
Ce grand heros jamais ne permettoit
Qu'il fust sans luy, tant soigneux en estoit,
Ou fust alors que l'Aurore dorée
Epend ses fleurs par la nüe azurée,
Ou fust alors que le flambant soleil
Desja bien loing du lieu de son reveil
Sue plus fort au meillieu de sa peine,
Ou fust encor à ceste heure qu'emmeine
La poulle mere au juc accoustumé
De ses possins le trouppeau bien aimé,
Les abriant de son aisle tremblarde,

A l'approcher de la nuict sommeillarde.
Amour vaillant, et d'Alcide veincueur,
Tant luy avoit engravé dans le cueur
De cest enfant la divine figure
Que fol il meit en luy toute sa cure,
Tout son souci, voyre de sa raison
Maistresse fut l'amoureuse poison.

   O cas estrange et digne de merveille!
Celuy qui, plein de force nompareille,
Gisant au bers, etrangla de ses mains
Le double horreur des serpens inhumains,
Cil qui vengea de sa pesante mace
La cruauté du sanglant Roy de Trace,
Qui accabla le monstre Lernean,
Qui meit à mort le lyon Nemean,
Cil que n'avoit oncques Junon cruelle
Donté, celuy qui du filz de Stenelle,
Son ennemy, fut tousjours triumphant,
Estre veincu des beaux yeux d'un enfant!
En cet enfant le plaisir de sa vie
Prenoit Alcid', mais la maligne envie,
Et le destin, que nul ne fuit, helas!
Ne l'ont permis joyr de son Hyllas
Long tens. Ainsi avecques la lyesse
Communement se mesle la tristesse.

   Oyez comment. Quand le noble Jason,
Pour conquerir la dorée toison,

Voulut tanter, plein de hautain courage,
Des flots marins l'inconnu navigage,
Esquelz nully devant luy se fier
N'avoit ozé, il feit par tout crier
Son entreprise au païs de la Grece,
Et assembla de toute la jeunesse
L'eslite et fleur, qui ne demandoit rien
Que s'aquerir, par un brave moyen,
De cueur vaillant bruit, honneur et estime.
Là vint Castor, des chevaliers le prime,
Là vint Pollux, Typhis et Telamon.
Et Calaïs, et Zethes, et Idmon ;
Celuy y vint qui du son de sa lire
Les eaux, les bois et les pierres attire ;
Maint autre y vint, mais sur tous à conter
Le filz d'Alcmene et du haut Juppiter,
Ce fort donteur des monstres de la terre,
Y accourut de Tyrinthe grand erre,
Suivy d'Hyllas, son chery compagnon,
Son portedard, son ami, son mignon,
Qu'il ne vouloit jamais perdre de veüe.

 Or, aussi tost que de sa bien-venüe
Eut le soleil embelly la maison
Du blanc Taureau, ramenant la saison
Du renouveau, et que les Atlantides
Eurent calmé les campagnes humides,
Ces chevaliers d'honneur ambitieux,

LE RAVISSEMENT D'HYLLAS

Ces princes nez de la race des Dieux,
Monterent sus la navire Argolique,
Pour faire voyle en la terre Colchique,
Où du mouton estoit la riche peau.
Dessus le mont Pelion ce vaisseau
Appareillé avoit Minerve, éprise
De secourir cette haute entreprise,
Autour duquel, à force de ramer,
Veissiez blanchir les vagues de la mer
Devers Athos, promontoyre de Trace,
Devers Sygée, et devers Samotrace,
Et devers l'isle où les enclumes sont
Du feuvre-Dieu, et que franchi ilz ont
En peu de tens le destroit d'Hellespont,
Joyeux d'avoir ja échapé le conte
De maints dangers. De là le vent à gré
Les a menez vers Mysie, où ancré
Ont et pris port, en une plage verte
Que fort à poinct ilz y ont découverte ;
Et de Phebus les limonniers fumeus
Ja devaloyent, pour dedans l'ecumeus
Sein de Tethys Nereienne se rendre,
Quand cette trouppe en ce lieu vint descendre,
Où reposer les ennuis de la mer
Les convia, et la place à aimer
Pour sa beauté. Car ainsi qu'une prée
Elle estoit d'herbe et de fleurs diaprée,

Et peu à peu en un mont s'eslevoit,
Dessus lequel l'aure fresche mouvoit
Une forest plantée de haults pins,
D'ormes, de faus, de peupliers et sapins,
Qui rependoyent sur la coste un ombrage
Dous et plaisant, par le chant et ramage
De mille oiseaux. Là avoir descendu,
Aucuns d'entre eux la cure et soing ont eu
D'appareiller l'acoustumée serte
Pour le souper ; aucuns sur l'herbe verte
Se sont couchez pour y prendre repos.
Le fort Hercul', tousjours frais et dispos,
Avecq' Hyllas, qui oncq' ne se separe
De luy, à mont par la forest s'égare,
Pour y cercher un aviron nouveau :
Car il avoit ce jour rompu en l'eau
Le sien, ramant de trop grande allegresse.

Si tu sçavois le malheur qui se dresse
Encontre toy, Herculle, tu tiendrois
Avecq' la bande, et non dedans ces bois,
Ton cher Hyllas : car Junon, qui bouillonne
De rage, avise ore occasion bonne
Pour te l'ôter, et machine un ennuy
Qui te cuyra par la perte de luy,
Ell' qui rien plus qu'à te nuyre ne pense.
« Quoy donc tousjours, dict-elle, ma puissance
Et mon labeur sera-il tousjours vain

LE RAVISSEMENT D'HYLLAS

Et sans effet sur ce brave Thebain,
Lequel j'ay veu de cueur moult voluntaire
A maints perilz s'exposer, et deffaire
Maints hommes craintz et maints fiers animaux,
Qui combloyent l'onde et la terre de maux ?
Je les avois suscitez et faict naistre
Pour le donter, mais il a esté maistre
D'eux et de moy. Dois-je pourtant cesser?
Dois-je pourtant en repos le laisser?
Non feray, non, mais luy feray d'alarmes
Tant qu'à la fin peu serviront ses armes,
Ne ce qu'il a peniblement ozé
N'a point encor mon courroux appaisé. »

Disant ceci, dessus celle montagne
Elle apperçoit une bande compagne,
Qui tous les jours là de coustume avoit
De s'esjouir, et qui pour lors suyvoit,
A cous de tretz, deux bichettes fuiardes.

La bande estoit de Nymphes et Naiades,
L'honneur des bois et fontaines d'autour.
Elles s'estoyent acoustrées ce jour
En simple cotte imitant la verdure ;
Dessus le front leur blonde chevelure
Troussée avoyent ; chacune un arc vouté
Portoit au poing, et la trousse au costé;
Et en ce poinct ces jeunes damoyselles
Fouloyent des pieds les herbettes nouvelles

Devers le bois, où, ayant apperceu
Le fier géant, grande peur ont conceu.
L'aspect de luy tellement les effroye
Que tout à coup elles quittent la proye,
Et, comme à lors que le chasseur voler
Fait l'epervyer sur perdriaux en l'air,
Iceux d'effroy çà et là se departent,
Et bien fort loing à bat d'aisles s'ecartent,
Non autrement ces paureuses s'en vont
De çà, de là, par les routes du mont.
 Junon adonc du ciel est descendüe
Secrettement en l'obscur d'une nüe,
Là où Driope, une d'elles, estoit,
Qui en beauté les autres surmontoit,
Et, la prenant par sa main delicate,
A son projet de ces doux mots la flatte :
« Driope, à qui en vain maints jouvenceaux
De parenté nobles, riches et beaux,
Ont faict l'amour, voici maintenant l'heure
Que je te veux, sans plus longue demeure,
D'un espouser. En ces touffus desers
Ore est errant Hyllas, de l'univers
Le plus beau filz, le meilleur, le plus sage :
Long temps y a que pour ton mariage
Je l'ay voué. Que les Grecques seront
Pleines de dueil quand elles le sçauront !
Quelle douleur, quelle dure tristesse

Adoulera les dames de la Grece,
Quand se verront avoir perdu l'espoir
De l'espouser, voyres de le revoir !
Va l'aguetter, tost s'abreuver en l'onde
Tu le verras de ta source fœcunde. »
Elle s'en va, et un grand cerf cornu
Qu'induit Junon au devant est venu
Du blond Hyllas. Le cerf, lent à la fuitte,
Du jouvenceau le promp courage incite
A le suyvir : Herculle y prend plaisir,
Et de son cry luy accroist le desir.
Hyllas le croit, et tant qu'il peut s'eslance,
Tirant aprés maint coup en esperance
De le tuer : ilz ont si loing couru
Qu'en un moment ilz n'ont plus apparu
Au filz d'Alcmene. Arreste, pauvre, arreste,
Tu ne sçais pas, Hyllas, où cette beste
Te va menant : tu cours pour l'atraper,
Ne sachant pas qu'elle te doit tromper,
Et que bien tost, à son desseing aprise,
Ell' te fera d'une Nymphe la prise.
Finalement, mené le cerf fatal
L'a droict aux eaus, qui plus clair que cristal
Vives sourdoyent de la source immortelle,
Où à l'aguet s'estoit mise la belle :
Mais lors se perd, sans de pié les toucher,
Le cerf volant, dont se prend à facher

Celuy qui tant ardemment le pourchasse,
Car il connoist là l'erreur de sa chasse.
  La source estoit d'un rivage carré,
D'herbes et fleurs diverses bigarré,
Ceinte à l'entour. L'aspic, la marjolaine,
Y respandoyent une suave aleine,
Du franc rosier la rose y florissoit,
La fleur du lys et la fleur y naissoit.
Du jouvenceau amoureux de sa face
L'eau claire et belle, et l'odeur de la place,
Ont invité le gratieux Hyllas
A s'arrester, et ce qu'il estoit las,
Tant que tout plat s'est couché sur la rive
Pour y trouver frescheur consolative.
Non autrement de sa beauté reluit
La prochaine eau que quand l'œil de la nuict
Ou du soleil la flambante lumiere
Darde ses rais dessus quelque riviere.
  Là il s'estoit pour boyre en l'eau baissé,
Quand le voici par la Nymphe embrassé,
Et, vueille ou non, tiré au creux humide,
Où tant qu'il peut il crie : « Alcide, Alcide,
Secoure-moy, vien-moy donner la main. »
Mais, loing qu'il est, il ne l'oit, et en vain
L'appelle Hyllas, qui, sans relasche aucune,
Triste et despit, lamante sa fortune,
Jusques à tant que Driope et ses sœurs

L'ont appaisé de mielleuses douceurs,
Et que, neuf fois en une abisme d'onde
L'ayant plongé, tout souvenir du monde
Luy ont toleu, le faisant immortel
Et nouveau Dieu au lieu d'homme mortel.
 Tandis Hercul' pense qu'une autre voye
Hyllas ait pris, et qu'avecques la proye
Soit retourné où demeurez estoyent
Leurs compagnons, qui soigneux apprestoient
Ce qui estoit au souper necessaire.
O Dieu ! quelz cris, quelz plains commence à faire
Ce fort geant, quand il voit qu'il ne doit
Le retrouver au lieu qu'il s'attendoit.
Amour felon, luy troublant le courage,
Errer le faict par le desert bocage,
Tout forcené et en soy remaschant
Qui peult avoir retardé son enfant,
Duquel si fort luy est griefve l'absence
Que tout émoy autre il quitte et ne pense
Qu'à le cercher d'un et d'autre costé.
Ores il craint que luy ait apporté
Quelque danger la nuict qui desja noire
Se faict au ciel ; ores il a memoyre
De sa Junon, laquelle incessamment
Luy faict sentir quelque nouveau tourment.
Il crie : « Hylas ! Hylas ! » à teste pleine ;
Mais il n'oit rien que la rive prochaine

Et la forest redoublant aprés luy
Ce nom aimé, cause de son ennuy.
Comme un lion, quand il sent la pointure
D'un tret aux flancs, court furieux à l'heure
Par-ci, par-là, et, d'écume bavant,
Renverse tout ce qu'il trouve au devant,
Ainsi amour pousse, pique et fait courre
Ce furieux, sans soing où il se fourre.
Voye il se faict par épineus sentiers,
Par mons, par vaux ; les chesnes tous entiers
Il deracine, et d'iceux, plein de rage,
Va assommant mainte beste sauvage,
Qui de mal' heur se treuve en son chemin.
 Voyez que peut cet amoureux venin,
Quand une fois la raison il maistrise :
Par son moyen Herculle ore mesprise
Le filz d'Æson, et ses compagnons grecz,
Qui cependant, avec tristes regretz,
Pleignent le sort cause de son abscence.
Vous, jeunes gens, que ja d'amour commence
Emmieller l'aigredouce poison,
D'heure cherchez à son mal guerison,
Que le cruel esclaves ne vous rende :
Car, si un coup dessus vous il commande,
Aprés voudrez vous en tirer en vain.
En vain ainsi secoue le poullain
Le frain qui ja luy rend serve la bouche.

LE RAVISSEMENT D'HYLLAS

Le preux trouppeau la nuict entiere couche
Dedans ce lieu, esbahi du sejour
Que fait Hercul'; mais, si tost que le jour
Commence à poindre, ilz detachent le cable
Qui la navire arrestoit sur le sable,
Pour demarer, tous ardens et epris
De mettre à fin leur voyage entrepris,
Non sans blasmer Herculle qui demeure,
Le pauvre Hercul', qui n'a ne soing ne cure
Que de sçavoir où sera son Hyllas,
Aprés lequel en vain il faict maintz pas,
Ne sachant point que sous les ondes creuses,
Moite sejour des Nymphes amoureuses,
Ores il vit, et est Dieu immortel.
Helas! qui veit oncques un courroux tel?
Sans nul repos le pauvre se lamente;
Il se deschire, il crie, il se tourmente,
Mieux resemblant un homme ayant le cueur
Vain, lasche et mol, qu'un hardi belliqueur.
Amour par tout où il luy plaist le meine,
Et, le menant, si fort il le promeine
Que sur ses piedz à la fin arrivé
Est en Colchos, où il a retrouvé
Ses compagnons, cette fleur de la Grece,
Qui l'ont reveu avecq' grand' allegresse.

L'HISTOIRE D'HYPPOMENE
ET D'ATALANTE

Par le conseil des devins, Atalante
    Deliberoit d'estre à jamais vivante
Vierge et pucelle, et, fuiant de l'Amour
Les doux attraictz, habitoit nuict et jour
L'obscur manoir des antres plus austeres,
Les vaux secretz et les bois solitaires,
Où son plaisir estoit un arc Turquois
Tanseulement, avecques le carquois
De fleches plein, qu'ell', disposte et agile,
En imitant de Latonne la fille,
Tirer souloit sur les sanglers et daims
Et sur les cerfs allegres et soudains.
    Tous ses amis de cette continence
S'émerveilloient, veu sa beauté immense.
Son riche chef, que tout voiant prisoit,
D'un or ondé blondement reluisoit ;
Sous le repli de deux precieux voiles,
Ses yeux sembloient deux celestes estoilles ;
Sa bouche belle exhiboit en riant
Deux rancs égaux de perles d'Orient ;

*Le teinct vermeil de sa joue jumelle
Passoit celuy d'une rose nouvelle;
Et puis son sein, qui ja à se former
Rond commençoit, invitoit à l'aimer
Maintz jouvenceaux, car infinis sonderent
Sa fermeté, et l'avoir demanderent
En mariage, épris et incitez
De la grandeur de ces rares beautez.
Mais resemblante à une roche dure,
Qui au meilleu des flotz ferme demeure,
Cette pucelle estoit, et le prier
Ne profitoit à la faire plier;
Ains, pour flechir leur intention, elle
Leur proposa une rude et cruelle
Condition. « En mon lict couchera
Celuy, disoit à tous, qui ozera
Courir à moy, s'en vistesse il me passe;
Mais, s'il advient aussi que l'outrepasse
Et que de moy veincu soit à courir,
Qu'incontinent il soit seur de mourir.
Or tous sçavoient que les vens de vistesse
Elle passoit, mais toutefois si est-ce
Que trop plus eut de pouvoir et d'effort
Sa grand' beauté que la peur de la mort
Sur ses amans, qui, pauvres folz qu'ilz furent,
La paction, bien que rude, receurent,
Selon laquelle; aprés avoir esté*

Veincus, soudain de leur tarduité
Fut à plusieurs la mort triste la peine.
Plusieurs avoit veu mourir Hyppomene,
Et détourné toutefois il n'en fui,
Ains essayer la fortune voulut;
Tant il aimoit d'une amour vehemente.
« Jusque ici as, ô divine Atalante,
Veincu, dit-il, gens de peu de valeur,
Qui t'ont acquis peu d'estime et d'honneur.
Mais, si tu veux qu'avecques toy je fasse
Preuve de moy, encor que je te passe
Ou par bien courre, ou par quelque bonheur,
Ne pense pas que te soit deshonneur,
Ne pense pas en avoir vitupere :
Noble je suis; Macarée est mon pere,
Qui est issu de la race des Dieux,
Et dedans moy encor de mes aieux
Vit la vertu. Que si sur moy victoire
Tu viens avoir, grande sera ta gloire.
Douteux ne suis de ma temerité,
Veu l'accord qu'as au veincu limité;
Mais mon destin et l'amoureuse rage
De ma raison assoupissent l'usage.
Paravanture (ainsi se paist d'espoir
Chacun amant) tu t'ennuiras de voir
De tant d'humains ta main dextre sanglante;
Cruauté n'est à ton sexe seante. »

Voiant la vierge Hyppomene en ce poinct
Parler, sentit du feu d'amour époint.
Son cueur rebelle, et moult douta si veincre
Elle devoit, ou bien si devoit feindre
Le cours certain de sa velocité.
« Helas! quel Dieu ennemi de beauté
Ce jouvenceau ici, dit-elle, ameine,
A ce hazard d'une course inhumaine?
Las! sa beauté pourtant ne me meut pas
Tanseulement, bien que ce soit grand cas;
Mais j'ay pitié encor de son jeune age,
De ses vertus et de son parentage.
Me prise-il tant qu'à fin de m'épouser,
Son cors il vueille à la mort exposer?
Deporte-toy, Hyppomen', je te prie,
Ne vueille point abandonner ta vie
A ce danger pour mon lict inhumain :
Tu en pourras trouver un plus humain
En autre lieu ; ta grand valeur merite
Plus doux accueil, et, s'il m'estoit licite
Suivre d'amour le conjugal plaisir,
Sur tous voudrois pour mari te choisir.
Mais las! hélas! mon destin m'en estrange. »
    Pour tout ceci Hyppomene ne change
Son entreprise, et la course espreuver
Il delibere, esperant y trouver
Le deu confort au mal qui le tourmente;

Mais, ains qu'entrer en la lice sanglante,
A Venus feit son oraison ainsi :
« *Dame Venus, qui as cure et souci*
Des vrais amans et les prens sous ta garde,
Ore en pitié, je te prie, regarde
Celuy de tous le meilleur, qui attend
Ton bon secours d'où sa vie dépend.
Car, si me veinq la pucelle trop dure,
Las! de mourir tout soudain je m'assure,
Et son amour est preste à me tuer
Si je ne veux aussi m'esvertuer.
J'ay le cueur bon, hardi, je m'esvertüe ;
Ne souffre pas que demeure veincüe
Doncq' ma vertu. Si j'ay cet heureux bien
D'estre veinqueur, l'honneur en sera tien. »
   Ayant oÿ la piteuse requeste
Du pauvre amant, Venus fut toute preste
A luy aider, et, müe de regret
Et de pitié, luy donna en secret,
Sans que la veist fors luy personne aucune,
Trois pommes d'or, qu'à l'heure de fortune
Elle apportoit des jardins Cypriens,
Et, d'en user luy montrant les moyens,
Ell' rassura, avecq' la vertu saincte
De ce beau fruict, d'Hyppomene la crainte,
Qui, sous espoir du beau loyer promis,
Soudain sur pieds prest à courir s'est mis.

Adonc voici les trompettes qui sonnent,
Et les coureurs la barriere abandonnent
D'un pas si prompt qu'on ne les voit toucher
Des piedz la terre, et diriez que marcher
Ilz pourroyent bien dessus les moites ondes
Sans se mouiller, et sur les crestes blondes
Des espicz meurs sans les faire mouvoir.
Les assistans prennent plaisir à voir
Ces deux coureurs, et d'un cry favorable
Donnent courage à l'amant aggreable.
Ilz vont courant tous deux fort longuement,
Sans que nul peust juger assurement
Auquel devoit demeurer la victoire :
Car le peril d'Hyppomene notoyre
Et de l'amour les piquans aiguillons
Luy ont chaussé des aisles aux talons,
Et des destins la menace, que craignent
Pauvres humains, Atalante contraignent
De s'efforcer et de courre orendroit
Plus vistement que faire ne voudroit.
Mais toutefois l'estincelle amoureuse
Sur les destins a pouvoir, et l'amuse
De fois à autre, et l'arreste tout court
Pour contempler du jouvenceau, qui court
Pour la gaigner, la beauté et la grace.
Luy cependant allegrement la passe,
Mais c'est en vain, et soudain, de premier

*Qu'ore il estoit, il est faict le dernier,
Et pour tout seur Atalante premiere
Venue fust au bout de la carriere,
Sans qu'Hyppomen' les trois pommes jetta
Devant les yeux d'elle, qui s'arresta,
De la beauté du nouveau fruict ravie,
Et du chemin de la lice devie
Pour l'amasser, laissant apte moyen
Ce tens pendant au Macareïen
De s'eslancer vers la butte assignée,
Où il parvint, et la vierge gagnée
Il espousa aprés à son souhet,
Suyvant l'accord qu'elle-mesme avoit faict.
 Qu'heureux serois si ainsi qu'Hyppomene,
Aprés l'erreur d'une si longue peine,
Tant de souci, de travail et d'esmoy,
Voir te pouvois couchée auprés de moy,
Dame en qui veit mon ame languissante,
Et en faveur de qui cecy je chante.*

COMPLAINTE DE FRANCE
SUR LA GUERRE CIVILE
QUI FUT ENTRE LES FRANÇOIS
L'AN MIL CINQ CENS SOIXANTE ET DEUX.

Je, qui brave soulois me faire renommer
Sur toutes nations que l'oceane mer
De ses longs bras enserre entre la blanche Aurore
Et le brun Occident, sur toutes je suis ore
Miserable et ploreuse, et preste de sentir
Que le tens quelquefois doit en rien convertir
Empires, nations et toute chose née ;
Je, qui la plus puissante et la plus fortunée
Parcidevant estois de ce grand univers,
Ore preste me vois de tumber à l'envers,
Puis que horrible discorde, à ma grandeur contraire,
Fait mes propres subjectz se tuer et deffaire :
Car, las ! en se tuant ilz me tuent aussi ;
Par eux je suis, eux sont mes membres, et ainsi,
Eux mors, je ne suis rien. Quell' fureur dereglée,
Gentilz-hommes François, a vostre ame aveuglée,
Tant que vous vous soyez l'un contre l'autre armez
De cruauté semblable aux gendarmes semez
Dedans le champ de Mars par le Grec Æsonide,

Qui, aidé du conseil de Medée, sa guide,
La riche toison d'or aux Colchiens osta ?
  Onze cens ans y a qu'en la Gaule planta
Mon beau nom Pharamond, suivy de trouppes belles
De gens, qui, desireux de conquestes nouvelles,
Cerchans honneur, avoyent delaissé leur païs,
Les Mœotides Palus et le froid Tanaïs.
  Depuis vindrent Clovis, Pepin et Charlemaigne,
Qui d'un bout aux Germains et de l'autre à l'Espaigne
Bornerent ma grandeur. Depuis maints autres rois
Vindrent, mais recemment à ceux-là de Vallois
Je dois ma renommée et ma magnificence,
Ma grandeur et mon bruit, ma gloire et ma puissance,
Desquelz le noble nom, plein de los et d'honneur,
Porte encore aujourd'huy mon Roy et mon Seigneur.
  Charles, qui fut entre eux de ce nom le septiesme,
Les Anglois en leur mer chassa. Loys onziesme,
Lors que mesme des siens la fureur s'esleva
Contre luy, d'un danger non petit me sauva.
O que trop tost pour moy et à mon grand dommage
La mort m'osta celuy qui, en fleur de son age,
Passa le dos chenu du negeux Apennin,
Et feit trembler de peur l'Itale en son chemin,
Allant redemander avecq' armes la ville
Des vieux Calcidiens, la Calabre et Sicille,
Qu'avoit sur ses ayeux usurpé la maison
Des princes d'Arragon, contre droit et raison.

Puis où y eut-il oncq aucun prince sur terre
Qui fust plus à louer, soit en paix ou en guerre,
Pour estre vertueux, qu'estoit le preux François,
Le premier de ce nom, qui contre les Anglois,
Contre les Espagnolz et le peuple Italique,
Suisse, Bourguignon, Flamand et Germanique,
Qui de me courir sus, luy vivant, n'ont cessé,
N'a pas tant seulement gardé ce que laissé
Ses predecesseurs roys m'avoyent, mais d'avantage
Sur eux presque tousjours a eu de l'avantage,
Qui ma terre illustra de toute espece d'ars,
Appellant gens d'esprit à soy de toutes pars,
Et faisant mon Paris en honneur et faconde
Et en toute science une Athene seconde?

Henry luy succeda, qui, ayant guerroyé
Long tens et jusqu'au Rhin ses armes convoié,
Aprés avoir conquis la belle isle de Corse,
Aprés avoir uni à mon sceptre l'Escosse,
Aprés avoir repris Calais sur les Anglois,
Qui l'avoient detenu deux cens ans sous leurs loix,
Me pratiqua la paix, laquelle à la requeste
Du peuple et par l'advis des grans princes fut faitte.
Puis triste mort le prit de son heur au plus beau,
Et, le menant au ciel, le feit un sainct nouveau.

Ceux-là, et autres maints, dont long seroit le conte,
M'ont faict tell' que je suis, maugré et à la honte
De tous mes ennemis ; mais comme un arbrisseau

Lequel, jeune, est planté sur le bord d'un ruisseau,
Devient gros peu à peu et hault leve la teste,
Puis, quand il est parfaict, voici une tempeste
Qui l'esbranle si fort qu'à coup elle l'estend
Sur la place voisine et au tumber le fend
D'un bout jusques à l'autre, ainsi son accroissance
De peu à peu a pris mon sceptre et ma puissance,
Et, maintenant que suis en ma perfection,
La tempeste s'émeut de ma destruction
Tout à coup, tellement que je, qui soulois estre
Redoutée par tout, et qui soulois paroistre
Et sur nation toute eslever le chef hault,
L'heure proche je voy que perir il me fault.

 N'aguere estre soulois redoutable aux Barbares,
Aux habitans du Nil, aux Perses et Tartares,
Et preste or suis de voir mes honneurs triumphans
Renverser par la main de mes propres enfans :
Car mes propres enfans mes tresors devalisent,
Mettent mes fors à sac, mes joyauz ilz saisissent,
Me battent, et, pour mieux me ruyner, ont mis
Dedans mon propre sein mes propres ennemis.

 Desja on oit par tout le cliquetis des armes,
Desja mon païs est tout couvert de gendarmes
Venus de divers lieux ; l'Italien mutin
Y est, et l'Espagnol amoureux de butin ;
A grans bandes y sont le reistre d'Allemagne,
Le Suysse, et celuy que la Tamise bagne.

*Mais le mien par sus tous encores se fait voir.
J'oy tonner les tambours, les clerons, et tout noir
De poussiere est le ciel, les plaines herissées
De longues piques sont et de lances dressées ;
Oncques en mon enceinct trouble je n'avois veu
Plein de si grand fureur : l'oncle couppe au nepveu
La gorge, la guerre est entre freres esprise,
Et le filz obstiné du pere se divise ;
Le pauvre laboureur champestre le pain sien
Ne mange ; le marchant n'est maistre de son bien ;
On ravist au mari sa tendre femme ; morte
Gist toute la justice, et le plus fort l'emporte.*

    *Voyez, ô la pitié ! de ma Loyre les bors
De charongne infectez, les reliques des cors
Qu'elle a eu pour sa part des cruautez indignes,
Qu'on a executé par les villes voisines.
Voyez l'enflé courant de Seine, qu'a rendu
De vermeille couleur le sang y respandu.
Voyez Paris, Poictiers, la fameuse Tholose :
Plus l'honorable chœur des Muses n'y repose
Ainsi comme il souloit, la domination
De Mars l'en a banni. Voyez Bourges, Lyon,
Rouan, et Orleans, et toutes les plus belles
De mes villes voyez, tout est plein de querelles,
D'armes, de hurlemens, de cors mors à monceaux :
Par leur triste sejour, le sang à grans ruisseaus
Par les rues y court, tout y vit en tristesse,*

Plus vous n'y trouverez la joie, l'allegresse,
Le traffiq', l'union que trouver y souloit
Quiconque cidevant sejourner y vouloit.
Voiez, voiez encor la cruelle turie,
Le massacre sanglant, l'horrible boucherie,
Que mes peuples armez ces jours ont faitte entre eux,
Se ruans dessus moy és campagnes de Dreux.

   Ha, enffans, voulez-vous destruire doncques celle
Qui vous a allaittez de sa propre mamelle ?
Neron n'en feit pas plus quand, plein de cruauté,
La mere il feit mourir qui conceu et porté
L'avoit dedans ses flancs. Est-ce la recompense
De vous avoir donné nourriture et naissance ?
O detestable horreur ! ô fait trop inhumain !
Qu'il me faille perir par la sanglante main
De mes enffans ingratz ! L'empire ainsi de Rome
Par les siens perit, quand de Discorde la pomme
Une mesme fureur par les Romains sema,
Et Pompée et Cæsar l'un contre l'autre arma.

   De quoy vous a servi, gentilz-hommes de France,
Avoir tant combatu pour la gloire et deffence
De vostre nation durant les ans passez,
En Escosse, Italie et Flandre, où trépassez
Sont tant de gens de bien, si ores venés prendre
L'espée contre moy, et ma ruine entreprendre ?

   Si devant vous avez emploié voz effors
A garder mes chasteaux, mes villes et mes fors,

Des Anglois, Espagnolz et Germains, qui ma gloire
Envioient, et sur eux mainte belle victoire
Gaignée avez ; mais or', par un fatal malheur,
Vous mesmes leur aidez à me ravir l'honneur
Par tant de tens acquis, ore, folz que vous estes,
A piller mes tresors le chemin vous leur faittes.
   O siecle depravé ! ô corrompues meurs !
O miserable tens, et tout plein de douleurs !
Mais de quel cueur pourra la posterité croire
De tant de maux commis la monstrueuse histoire ?
   N'agueres il sembloit que Dieu, benin et doux,
Eust des chetifs humains retiré son courroux,
Leur envoiant la paix, sa bien aimée fille,
Qui menoit quand et soy la brigade gentille
Des sacrées vertus, justice, chasteté,
Temperance, douceur, amour et verité ;
Mais de leur cueur felon l'obstinée malice
Ne les a peu souffrir, preferant injustice,
Volupté, avarice, orgueil, deception,
Violence, discorde et vaine ambition :
Tellement que la fin qui sembloit estre utille
Des combas estrangers une guerre civille
A soudain engendrée en l'esprit insencé
De mes brusques soldas, mal pis que le passé.
François, est-ce cela au Roy faire service
(Car couvrir vous voulés de luy) à l'avarice
De voz pillardes mains son bon peuple exposer,

*Ses villes mettre à sac, et la terre arrouser
Du sang de ses subjectz, desquelz, las! l'innocence
Devant la majesté de Dieu crira vengeance?
Ces bons vieux chevalliers Rolant, Renaud, Allard,
Latrimoille, Lantrec, La Palice, Baiard,
Leur vie à mort avoient pour leur patrie offerte,
Et vous de sang et feu l'avez toute couverte.
Avous cherché la paix avec les ennemis
Pour vous entretuer, pour tuer voz amis,
Pour voir à l'abandon voz femmes et voz filles,
Pour forcer et piller voz chateaux et voz villes,
Pour deserter vos champs, pour allécher dedans
Voz planiureux païs voz ennemis plus grans?
Vous le faittes ainsi, et cela qu'est-ce faire,
Pauvres François, sinon vostre France defaire?*

    *Helas! mieux il valloit faire la guerre au loing,
Si tant vous époignoit de la guerre le soing
Que vivre ne pussiez en paisible concorde,
Sans frapper et tuer, sans querelle et discorde :
Car, durant voz debatz, il y a bien danger
Que, trouvant son apoinct, l'ennemi estranger,
Qu'appellé vous avez, à corps perdu se jette
Dessus vous et dehors de voz maisons vous mette.*

    *Si je me deuls et plains, ce n'est pas sans propos,
Et les juges j'en fai vous qui à mon repos,
A mon bien, à mon heur, portez si forte envie
Que vous n'en pardonnez à votre propre vie.*

Les brutes qui n'ont point de raison sentiment
L'une à l'autre ne font guerre communement,
Si ce n'est quand la faim violente les presse,
Qui encor ne les fait se prendre à leur espesse ;
Et vous qui de raison et conseil vous vantez,
Vous qui d'humanité le nom mesme portez,
Par plaisir exercez l'un sur l'autre voz rages,
Plus prodigues de sang que les bestes sauvages.

O Fortune inconstante ! ô cruelle ! combien
Tu te moques çà bas du monde et de son bien !
O ! comme, sur le rond de ta volage roue,
Des peu sages humains tu t'esbas et te joue,
L'agricole faisant empereur quand tu veus,
Et faisant l'empereur aller aprés les beufs.
Il te pleut de donner çà bas la monarchie
Dés le commencement au peuple d'Assirie,
Aprés tu l'envoias quelque tens aux Medois
Des Medois tu la feis parvenir aux Gregois,
Et aprés aux Romains. Depuis dessous la nüe
Nulle égalée m'a, et mon heure est venüe.

Vous causez voz debatz sur la religion,
Que voulez soustenir à vostre opinion
Chacun diversement ; mais, las ! amis, la forme
Dont vous usez est trop inhumaine et difforme.

En preschant l'Evangile il faut s'évertuer
D'attirer les errans, et non piller, tuer ;
Par sermons beaux et saincts, par douceur et humblesse,

Par pureté de vie, il fault qu'on les adresse
Au vray sentier de Christ, de Christ par qui repris
Le bon sainct Pierre fut, quand colere il eut pris
Et mis hors du fourreau le couteau pour deffendre
Son maistre des Juifs assemblez pour le prendre.
Prescher donc vous falloit et ne vous armer point,
Et, si vous n'estiez d'accord en quelque poinct,
Le remettre au Concil' : car je croy que les princes
Qui ont le regiment des chrestiennes provinces
Ne sont tant impiteux que la division
Et le trouble qui est pour la religion
En la chrestienté ne les pousse à entendre
A y mettre quelque ordre et bien tost entreprendre
Un bon et sainct Concille. Ainsi en union
Pourriez estre reduictz : car là l'opinion
De ceux qui la Bible ont mieux aprise et mieux leüe
Seroit comme un oracle arrestée et receüe.
Ce vallust-il pas mieux que vous piller ainsi,
Que vous entretuer sans pitié ny merci
Et remplir le païs de si tristes miseres,
Vous qui estes voisins, parens, cousins et freres,
Vous qui n'avez qu'un Dieu, qui n'avez qu'une loy,
Vous qui n'estes subjectz qu'à un prince et un roy?
De cette voye usa la prudence ancienne :
Ainsi chassée fut l'heresie Arienne,
Ainsi furent veincus les folz Sabelliens,
Marcion, Nicolas et les Pelagiens.

Ainsi doncques, enffans, ainsi vous faudroit faire,
Et non bourrellement vous destruire et deffaire.
Quel gain esperes-tu de la ruine avoir,
Quelle joie peux-tu de la mort recevoir,
Toy François, d'un François? Helas! les coups de mace
Ne font les gens de bien, cela vient de la grace
Du hault Dieu, qui tout bon donne son sainct Esprit
A quiconque invoquant l'est par son Jesus-Christ.
  Que si vivre en repos ne pouvez, tant vous pique
Le desir et l'amour de louange bellique,
Ou de religion, n'avous pas les payens,
Les Turcs et mescreans, qui sur les chrestiens
Tiennent Hyerusalem, Damas et Cesarée,
Antioche et Sidon et la ville honorée
Du nom de Constantin, qui fut longue saison
Des empereurs Romains le siege et la maison,
Mais qui, pour dire mieux, desja à vostre terre
De prés sont abrians? C'est à eux que la guerre
Faire fault, c'est à eux. Au moins si guerroyer
Est licite, c'est là qu'il vous faut employer :
Là pourriez acquerir louanges immortelles,
En transportant dehors dessus les infidelles
Vos armes, et faisant avecq' votre vertu
Voir au Grand Ottoman son orgueil abatu.
  Or sus doncques, François, que d'un noble courage
Je vous voye entreprendre à faire un beau voyage
Pour chasser ces payens, comme firent jadis

*Soubz Godefroy, leur chef, voz ayeux ; mais tendis
Reconciliez-vous, et, au lieu que discorde
Vous tient et envenime en querelle tres-orde,
Remettez-vous en paix et vous faites amis,
Laissez cette rancüeur qui vous rend ennemis.
Reprenez vos espritz, François, je vous en prie :
Considerez l'estat auquel vostre patrie
Est reduicte, au moyen de l'obstination
Qui nourrist entre vous tant de dissention.
François, ayez pitié des tors et des diffames
Qu'endurent voz enfans, voz filles et voz femmes,
Par voz cruelz debatz. Considerez qu'au lieu
De prendre et soustenir la querelle de Dieu,
Comme vous le pensez, et luy faire service,
Vous donnez ouverture à tout genre de vice
Et de méchanceté. Las ! reconciliez
Doncq' voz cueurs et mettez les armes sous les piedz.
Ce faict, le laboureur qui entre vous habite
Vivra joyeux et gay en sa loge petite,
Et, delivré de peur, de ses outilz trenchans
A toute heure du jour sarclera ses beaux champs ;
Voz femmes regiront en joye leur ménage ;
Voz enfans instruyront en vertu leur jeune age
Ainsi qu'auparavant ; voz affaires iront
Heureusement ; voz biens à gré multipliront ;
Et moy, je chasseray ma tristesse conceüe
Et obliray le dueil de ma perte receüe.*

*Mais, si perseverez à me perdre et gaster
Et si votre pretente est de me deserter,
Pardonnez à ces vers qu'au temple de Memoyre
De ceste heure j'appens, afin qu'il soit notoyre
Et que puisse en iceux voir la posterité
Qui fut l'occasion de ma calamité.
  La France, qui estoit la premiere du monde,
En vertueux guerriers elle fut si fœcunde
Que, d'ailleurs n'y ayant qui les peust surmonter,
Les firent à la fin eux-mesmes se donter
Les mutines fureurs et discordes civilles,
Qui s'émeurent entre eux par leurs champs et leurs villes.
  O discorde intestine, ô civille fureur !
Ainsi renversée est par toy toute grandeur.*

SUR LA PAIX

FAICTE ENTRE LES FRANÇOIS
APRÉS LA GUERRE CIVILLE.

L<small>A</small> mortifere peste, et la palle famine,
Et le glaive trenchant, sont de l'ire divine
Les verges et les fleaux dont la severe main
De Dieu va chatiant çà bas le genre humain,
Qui, vivant obstiné en sa bourbe et malice,

Dédaigne la vertu, et tout se donne au vice.
 De faim Dieu chastia et d'un continuel
Faix de calamité les enfans d'Israël,
Lesquelz, aprés les pas du prophete Moyse,
Aspiroyent au bon-heur de la terre promise ;
De la femme d'Achab furent si déplaisans
Les pechez devant luy que, le cours de trois ans,
Pour se vanger d'iceux toute la Samarie
De famine matta sa hautesse marrie ;
Et quand, en denombrant ses hommes, trangressé
Les saints commandemens eut le filz de Jessé,
Tout soudain élança sur le peuple la peste,
Pour le peché du roy, l'ire du Dieu celeste,
Qui encor par les mains du filz de Roboam
En un sanglant combat deffeit Hieroboam,
Avec toute sa gent, en punition deüe
De ce qu'elle s'estoit aux idoles rendüe.
 De pareille fureur estant Dieu irrité
Encontre les François, il avoit projetté,
Au moins il le sembloit, de destruire la France,
Prenant de ses pechez une horrible vengeance ;
Et desja elle estoit pleine de sang et feu,
Desja son peuple estoit tout en armes esmeu,
Lesquelles l'espauroyent d'une ruyne preste,
Quand la pauvre au chemin du ciel la haut s'apreste,
Non pas en un pompeux et royal appareil,
Non pas avec un front et visage pareil

A cil dont ci devant trembler la Germanie
Glorieuse elle feit, l'Espagne et l'Italie :
Palle estoit son visage et tout defiguré,
Et son habillement en cent lieux déchiré.
Ell' marchoit lentement d'une allure branlante,
La parolle elle avoit basse et la voix tremblante,
Et caves au millieu de la teste les yeulx.
Et ainsi acoustrée elle arriva aux cieulx,
Où, se jettant aux piedz de la majesté sainte
Du grand Dieu eternel, ainsi sa triste plainte
Elle luy commença : « Si oncq' affliction,
Si oncq' maltraittement donna occasion
De se plaindre et douloir, ô pere debonnaire,
C'est le maltraittement que reçoit une mere
De ses propres enffans. Helas! les miens me font
Guerre à sang et à feu. Helas! les miens se sont
Armez encontre moy ; leur fureur enragée
M'a bien prés de la mort batue et outragée ;
Mes riches vestemens ilz ont mis en lambeaux ;
Par eux jusques au fond mes palais et chateaux
Ont esté abatus, mes citez violées,
Mes temples despouillés, mes richesses pillées,
Et c'est ce qui me fait venir ores vers toy
Pour, humble, te prier d'avoir pitié de moy,
Car, ô pere, tu es l'appuy et l'esperance
Des pauvres affligez. Tu as faict ma puissance
A toutes nations autrefois redouter,

Et veux-tu maintenant par les miens me donter?
Que m'a servi d'avoir combatu l'Angleterre
Par tant et tant de fois? Que m'a servi la guerre
Contre les Espagnolz veincus à Carignan?
Que m'a servi d'avoir donté à Marignan
Le superbe Suisse? Est-ce pour que je soie
Ores honteusement des miens mesme la proie?
 « Jadis, l'espée au poing, de Naple je chassay
L'arragonoise gent, mes soldas je passay
Jadis delà la mer, qui de leurs mains armées
Gaignerent sur les Turcs les terres Idumées;
Jadis je m'opposai à l'effroiable effort
Des geans Sarrasins, et d'iceux mis à mort
Un nombre si tresgrand sur les rives de Loire
Que jamais en obly n'en ira la memoire.
J'ay n'agueres encor les Allemans remis
En leur authorité maugré leurs ennemis;
J'ay fait aux Genevois sentir combien ma force
Est grande, en conquetant sur eux l'isle de Corse;
J'ay veincu le Piemont, j'ay de mes étendars
Maintes et maintes fois effroié les Lombars.
Heureuse j'ay esté par sus toutes provinces
En gendarmes vaillans et chevaleureux princes:
Témoings en sont Clovis, et Pepin, et Martel,
Charlemaigne, Roland, mon François immortel,
Mon Lantrec, mon Baiard et mon Henri, dont ore
Toute fresche et recente est la memoire encore.

Mais que me sert d'avoir nourri tant de guerriers,
Tant de princes vaillans, tant de preux chevalliers?
Que me sert le renom des victoires acquises
Par leur force et vertu, et des despouilles prises
Dessus mes ennemis, si leurs nepveux mutins
Tournent ore le fer contre mes intestins?
 « *Helas! ja n'est besoing que s'esleve l'Espaigne*
Maintenant contre moy, ni la Grande Bretaigne,
Et facent pour me perdre entreprise et dessein,
Car assez d'ennemis naissent dedans mon sein.
Je suis faitte semblable au grain qui la vermine
Conçoit, laquelle aprés le consume et le mine,
Et au drap qui rongé est des vers en luy nez :
Car à me ruiner mes enffans forcenez
S'obstinent tout ainsi, si ta bonté, qui garde
Qui luy plaist en pitié, Seigneur, ne me regarde.
 « *Tu es Dieu pitoiable, ô Dieu, Dieu de Sion :*
Aye doncques pitié de mon affliction.
Helas! je te suplie à mains jointes, retire,
Seigneur, d'autour de moy la fureur de ton ire;
Aye compassion de tant de sang épars,
De tant de pauvres gens occis de toutes pars!
Aye compassion des veufves desolées,
Des temples despouillez, des filles violées,
Des assassinemens que tu vois, et aussi
Des pauvres orphelins qui te crient merci!
Tu t'es assez vengé : adouci le courage,

O Dieu, des Princes miens, et appaise la rage
De mon peuple acharné à ma ruine, affin
Que leur sanglant discord preigne tost une fin;
Et, pour chasser de nous toute crainte de guerre,
Permés, je te suppli, que Paix, ta fille, en terre
S'en vienne quand et moy, et fais que desormais
Elle y puisse former sa demeure à jamés. »

 Dieu entendit au long la plainte et la priere
De la piteuse France, et, tout plein de colere,
Luy respondit ainsi : « France, France, ce sont
Tes enormes pechés qui ores causé t'ont
Les maux dont tu te plains, et à peu que le monde
Je n'abisme du tout autrement que quand l'onde
De toute la mer plut par mon commendement
Dessus luy, et couvrit la terre entierement :
Car plus vicieux sont les hommes d'à cette heure
Que ceux qui faisoient lors sur la terre demeure.

 « Leur cueur ne couve rien que toute iniquité,
En leur bouche n'y a un mot de verité,
Et leurs parolles sont de feintise couvertes.
Les oreilles ilz ont aux vanitez ouvertes,
A répandre le sang ilz ont promptes les mains,
Et alaigres les piedz à tous plaisirs mondains.
Superbe au millieu d'eux triumphe l'avarice.
De foy il n'en est plus, muette est la justice.
Le frere est envieux sur le bien de sa sœur,
Le passant ne dort pas chez son hoste bien seur;

*Ilz vivent de rapine, ilz gourmandent, ilz ardent
D'aveugle ambition, ilz trompent, ilz paillardent;
Bref, qui maintenant est le plus parfaict entre eux
En tout genre de vice est le plus vertueux.
Ilz tiennent en mespris mes loix et ma parolle,
L'honneur, lequel m'est deu, comme chose frivolle.
Ilz ont mis soubs les piedz, et la religion,
Qu'enseigné je leur ay en toute region,
De mille opinions de trouble et felonnie,
De parcialitez ilz ont toute honnie.
Que si au millieu d'eux j'esleve quelques uns,
Qui viennent en mon nom de ces vices communs
Les reprendre et tancer, soudain les abhomine
Le pervers jugement de leur bouche maline.
Principallement toy sur toute nation
Dedans mon Église as mainte corruption
Introduicte, et sur toute, en extresme licence,
De tous vices et maux t'est debordée, ô France!
Et par ce envoyé ay sur toy le chastiment
Que maintenant tu sens, mais plus legerement
Que tu n'as merité : une entiere ruine
De tes pechez seroit à grand peine assez digne.
Pour ce coup ci benin te ruyner pourtant
Je n'ay deliberé, ains je seray content
De t'avoir chatiée et assez advertie
Combien me deplaisoit ta mal'heureuse vie.
  « Va t'en donc, et vy mieux que tu n'as fait jamais,*

SUR LA PAIX

Je te donne ma paix, qui sera desormais
Durable entre les tiens, comme tu le demandes,
Si je vois et connois, France, que tu t'amendes,
Et si à l'advenir prester l'oreille à ceux
Lesquelz t'annonceront ma verité tu veux,
Rejettant tous ceux là, voyres fussent des anges,
Lesquelz viendront à toy prescher des Dieux estranges,
Et qui te prescheront nouveaux songes, au lieu
De la vraie doctrine et parolle de Dieu. »
   Ainsi dit l'Eternel, et France retournée
S'en est, et quand et soy a la paix amenée.
   O paix, heureux confort des François desolez,
Tel qu'est le renouveau à noz champs afollez
Par les neges d'hyver, change nostre discorde
En un ferme lien d'eternelle concorde.
A celuy qui premier violer te viendra,
A celuy qui premier rechasser te voudra,
Vueillent la terre et l'eau leur bonté coustumiere
Denïer ; le soleil sa joyeuse lumiere,
La lune sa clarté, et le feu sa chaleur.
Ne luy doient plus, ny l'air sa commune faveur;
Le malheur tellement sur son chef s'acroupisse
Que mesme son ami de son mal s'esjouisse.
   Prince, que France toute avoüe pour Seigneur
Et honore pour Roy, recevez ce bon-heur :
Dieu vous donne la Paix, faictes luy feste telle
Que merite de Dieu cette fille immortelle.

Sire, recevez-la d'un acueil gracieux,
Punissant asprement tous les seditieux,
Querelleux et mutins, si vous avez envie
Qu'elle soit avecq' vous tant que vous aurez vie.
Chassez d'autour de vous tous les perturbateurs,
Et les ambitieux, les pilleurs et flateurs,
Si vous voulés qu'en paix vostre France prospere.
   Vous avez prés de vous la Royne vostre mere,
Et plusieurs grans Seigneurs, Princes et Chevaliers,
Cappitaines vaillans et sages Conseillers;
Suyvez leur bon conseil (Sire) : car leur sagesse
Sçaura tenir en paix, durant vostre jeunesse,
Et toujours, voz subjectz, et sçaura repousser
Par armes l'étranger, s'il vous vient offencer.

ÉPITAPHE

DE MONSEIGNEUR DE BELLE-VILLE

CLAUDE DE BELLE-VILLE.

La vie des humains en cette terre basse
N'est rien qu'une fumée ou un songe qui passe.
Elle est semblable aux fleurs, desquelles à foison
Emaille les beaux champs la nouvelle saison.
Sont elles au matin vives, belles et fresches,

Elles seront au soir toutes mortes et seches,
Sans lustre et sans odeur. Et que la vie ainsi
Des chetifs hommes soit, Claude nous sert ici
D'exemple manifeste et de preuve bien claire,
Car il n'a que trois jours qu'il faisoit bonne-chere,
Sain, dispos et joyeux, et ores à l'envers
Son cors gist estendu, helas! proye des vers.
 O comme à cette mort rien ne fait resistence !
Il estoit grand seigneur, il avoit abondance
De terres et de biens, il estoit de parans
Tresanciens issu, nobles et apparens ;
Luy, suyvant ses ayeux avecq' espée et lance,
En bons et divers lieux a fait à nostre France
Memorable service, et pour elle s'est mis
Maintes fois en hazard contre les ennemis.
 Docte et sage il estoit, et sa bouche facunde
Egalloit en parlant les mieux parlans du monde.
La grace et la vertu, qui en luy reluysoit,
Admirer d'un chacun et aimer le faisoit.
Mais ny tous ses amis, ny son noble lignage,
Ses armes, son sçavoir ny son discret langage,
De l'outrage de mort ne l'ont peu secourir.
 Aussi luy, prevoyant qu'un jour son cors mourir
Devoit et devenir ordure, terre et cendre,
Et non pas son esprit, il eut cure d'apprendre
Et connoistre sur tout la doctrine que Christ
A laissée aux humains, par laquelle l'esprit

Qui s'y fie du tout et se plaist à l'ensuyvre
Aprés la mort du corps est apris à revivre
D'une vie immortelle au ciel avecques Dieu,
Où le sien maintenant vit heureux au millieu
Des plaisirs eternelz, franc des soucis et peines
Qui nous suivent sans cesse en ces chartres mondaines.
   Or à Dieu, Claude, à Dieu, tost mourir aprés toy
Nous fera de là sus l'inevitable loy.
Vueille Dieu recevoir noz ames, qu'il a faictes,
Lors au prés de la tienne au rang des plus parfaictes !

LE
PREMIER LIVRE DES SONETZ
DE
JAQUES BEREAU POITEVIN

Ici je n'entreprens, courageux, d'entonner
Les conquestes de rois, leurs guerres, leurs gendarmes;
Assez forte la voix pour la terreur des armes
Faire bruire il ne plaist aux Muses me donner.

Ici je n'entreprens encore de sonner
D'un œuvre à ce voué les cuisantes alarmes
Du cruel Cupidon, les plainctes et les larmes
Des amans qu'il luy plaist en triumphe mener.

Je ne recherche aussi les secretz de nature,
Mais de divers propos je pins mon ecriture
Pesle mesle, et, tachant en mes vers contenter

Mon esprit seulement, tantost je ris et chante,
Et puis tantost aprés je me plains et lamente,
Selon l'occasion qui se vient presenter.

Brisson, encependant que l'occupation
De ton esprit heureux, et ta langue facunde,
S'exerce en ce palais le plus fameux du monde,
Où jeune tu t'aquiers grand reputation ;
 Cependant qu'en Paris, où toute nation
Meue de sa grandeur confusement abonde,
Tu te vas augmentant de science profunde,
Et de vertu épris de saincte affection,
 Ici je chante assis sur le bord aquatique
De mon Loi doux-coulant maint sonet poétique,
Selon la passion qui m'en vient émouvoir.
 Et que ferois-je mieux ? Mon desastre me force
D'estre ici sans renom, n'ayant moyen ni force
De me faire aux barreaux ainsi comme toy voir.

※

 Poetes divins et saincts, vous suivés la grandeur
Des princes et des rois ; vostre muse qui chante
Leur honneur, leur renom, leur vertu reluysante,
Merite bien d'avoir prés d'eux quelque grand heur.
 Que ne m'a Apollon, qui d'une sainte ardeur
Vous échaufe et instruit vostre plume sçavante
A desensevelir la gloyre perissante,
Fait comme à vous sentir sa divine fureur !

Et qui voudroit les vices raconter
Du tens present, celuy voudroit conter
Celuy, Raufray, voudroit conter encore

Du renouveau la florie beauté,
Les blons espicz qui ondoyent l'esté,
Et les flambeaux dont la nuict se colore.

※

Le Sage, tu n'es pas de nom tanseulement
Sage, mais par effet ta sagesse et prudence,
Et ton sçavoir exquis, tu més en evidence,
Voires épreuve mainte en fais journellement.

Mais comment, je te pry, je te prye, comment
Pourrois-je reconnoistre, et quelque recompense
Te faire maintenant de la noble science
Qu'aprise ay en t'oyant trois ans entierement?

Je sçay que je ne puis digne loyer te rendre
Du bien que tu m'as faict sous ta parolle aprendre,
Mais, affin de fuir d'ingrat le vice envers

Ta connue vertu, si fault-il que je face
Au moins ce que je puis, qui est te rendre grace
En faisant que ton nom se lise dans mes vers.

※

Le Bacle, je ne puis qu'estonné je n'admire
Ton heureuse facunde et ton rare sçavoir,
Et ce qui jadis feit à Nerva recevoir,
Jeune, si grand honneur, de toy je le puis dire.

Car je t'ay veu des loix des empereurs eslire
Les poincts les plus obscurs et cachez, ains qu'avoir
Franchi deux fois neuf ans, et avecq' grand devoir
Iceux nous expliquer et publiquement lire.

Depuis tu as sans cesse, avecques grande ardeur
Et travail, de cet art cerché la profundeur,
Et tellement depuis as sceu t'y avancer

Et t'y rendre parfaict que, jeune d'ans encore,
En icelle on te voit tous les plus sçavans ore,
Le Bacle, et les plus vieux de beaucoup devancer.

⁂

Si le pauvre Elpenor n'eust point monté trop hault,
S'exposant aux degrez d'une fragille echelle,
Il ne se fust rompu en tumbant la cervelle
Comme il feit, durement puny de son default.

De Dedale le filz, moins que le pere cault,
Si temerairement il n'eust de la chandelle
Ætherée aproché par trop sa nouvelle aisle,
On n'eust nommé la mer de son malheureux sault.

Parquoy, mon Moussiau, celuy qui se contente
De sa condition, bien que basse, et ne tente
Les grans et haults estats, a, ce croi-je, raison.

Et ne voyons-nous pas les hautes tours pointues
De l'orage et des vens estre plus tost batues
Que du simple berger la petite maison ?

※

Cette obstination, ô celeste Amarante,
De ton cueur trop constant et trop devotieux
A garder chasteté souvent devant les yeux
Me met le souvenir de la belle Atalante.

Car, ainsi comme toy, cette vierge excellente
D'estre vierge à jamais avoit voué aux Dieux,
Et vivoit és forestz et solitaires lieux,
Pour ne sentir l'amour de personne vivante.

Toutefois à la fin la poursuyvante ardeur
D'Hyppomene peut bien luy flechir sa rigueur
Et jouir du plaisir qui les amans contente.

Puisse ainsi quelque jour ma constante amitié
T'exciter à avoir de moy quelque pitié,
Et soulager le feu qui si fort me tourmente !

※

*Je vous hay bien, mes yeux, et si c'est à bon droit,
O pauvres insensez, que je vous ay en haine,
Car vostre folle erreur à toute heure me meine
Et comme par la main guide et tire tout droit*

 *Par tout en chacun lieu et en chacun endroit
Que se puisse treuver la beauté inhumaine
Qui, à voir sa rigueur, les soucis et la peine
Qu'elle aime à me donner, au tumbeau me voudroit.*

 *Mes yeux, retirez-vous, quittez vostre entreprise,
Puis qu'elle si trespeu vous estime et vous prise :
Ne voyez-vous pas bien l'angoisse que je sens*

 *Par vostre vain desir? Celuy qui de son hoste
A eu mauvais recueil, si soudain ne s'en oste,
Il est sans nul esprit et privé de bon sens.*

 *Dés le commancement que nous faisons entrée
Dedans ce val mondain, deux chemins à noz yeux
Se presentent; l'un est estroict et ennuieux,
Qui au sommet conduit de la vertu sacrée.*

 *L'autre large et batu plus aux hommes agrée,
Qui les meine du vice au sejour ocieux :
Hercul par le premier vint au siege des Dieux.
Heureux qui de vertu la voye a rencontrée!*

Mon frere, suivons-la, qui la suit, et taché
Ne se sent nullement de crime et de peché,
D'un Roy ny d'un Senat il ne craint la menace ;
   Au meilleu de la mer bruyante il se tient seur,
Entre mille cousteaux il ne tremble de peur,
Et tousjours vers le Ciel ferme il leve la face.

❦

Veux-tu estre prisé et te voir avancé
En bruit et en estime entre le populaire,
Discour en compagnie, et, plustost que t'y taire,
Més le conte en avant d'Orestes insensé.
   Si est un bon propos devant toy commencé,
Parle en comme sçavant, remue quelque affaire
Tousjours avec quelqu'un, et, si tu n'as que faire,
Fay semblant toutesfois d'estre bien empressé.
   Suy les gens d'aparance, invite-les à boyre
Quelquesfois de ton vin ; si n'es riche, fay croyre
Que tu l'es neantmoins ; soy affable et plaisant.
   Sur tout ne soufre pas qu'on te face une honte,
Car, si simple et couard de toy tu ne tiens conte,
Rien ne te priseront les hommes d'apresent.

❦

Ces messieurs qui, Voisin, des apostres se ventent
Estre les successeurs, que de leur paillardise
Doive estre reformé et de leur gourmandise
Le debord insolent, veincus ilz le consentent.

Ilz consentent encor maints abus, et si sentent
Que leur ambition et grande convoitise
Les mal'heurs a causé qui sont dedans l'eglise,
Et toutefois tousjours leurs malices s'augmentent.

Toutefois on ne voit qu'ilz reforment leur vie,
Qui est aux voluptez tellement asservie
Qu'ilz ne la peuvent plus en meilleure changer,

Comme des compagnons d'Ulis la troupe sotte
Ne pouvoit plus partir du païs estranger,
Estant affriandée aux douceurs de la Lote.

※

Mort et le Tens, voyans qu'en despit d'eux,
Par le moyen de ta brave faconde,
Tu te vantois d'eternizer au monde
Et de tirer hors du tumbeau cendreux

Les os, l'orgueil, les ouvrages poudreux,
De cette ville à nulle autre seconde,
Qui feit jadis trembler la terre et l'onde,
Dont ilz pensoyent jà triumpher tous deux,

Emeuz, Bellay, d'une depite envie,
Sur tes beaux jours ilz t'ont coupé la vie,
Et au tumbeau toy-mesme mis ilz ont.

Mais tes vers non, ton renom, ny ta gloyre,
Et oncq' perir ne pourra la memoyre
De toy, sinon perissant ce grand rond.

※

Heureux est, Le Tourneur, qui aux autres commande,
Ayant le premier rang dans sa riche cité,
Où il est obéy pour son authorité,
Soit qu'il vueille le bon, ou soit qu'il le deffende.

Heureux est celuy-là qui avecq' faveur grande
Est auprés des seigneurs et des roys écouté,
Et qui a à souhet, l'ait ou non merité,
Le credit d'obtenir ce que d'eux il demande.

Mais plus heureux celuy qui dedans son village
Vit content comme toy, auprés de son ménage,
Et d'estatz et faveurs ne se soucie point;

Ains, ore s'écartant par les vertes prairies,
Ore sur le coupeau des montagnes flories,
Trompe un moindre souci qui quelquefois le poinct.

※

Je ne veux louer ceux, Amarante, qui vont
Au change çà et là, et sans foy ny demie
Cherchent faire tousjours quelque nouvelle amie :
Car tels gens n'aiment pas, ains plustost paillars sont.

Louer ne puis aussi ceux qui en dedaing ont
Toute amour et plaisir, qui de leur compagnie
Tenans filles et jeux et la joye bannie,
A toute heure ont la mort peinte dessus leur front.

Amarante, l'amour est une chose honneste
Quand l'amant son desir en une seule arreste,
Qu'il honore, caresse et aime constemment,

Admirant et prisant sa beauté manifeste,
Sa valeur, sa vertu et sa grace celeste,
Ainsi comme je fay la tienne incessemment.

Je me plains à bon droict de cruelle fortune,
De ses aveugles yeux, de son iniquité,
Car dés le premier poinct de ma nativité
Elle ne m'a montré jamés faveur aucune.

Au contraire, tousjours m'a esté importune,
Par ne sçay quel arrest de ma fatalité,
Et tousjours me combat de tant d'adversité
Qu'un n'est plus malheureux sous le ciel de la lune.

On dit d'elle par tout qu'elle est communement
Et muable et legere, et qu'ordinairement
Elle fait monter l'un et l'autre precipite.

Je ne sçay pas comment des autres elle joue,
Mais, quand à moy, je tiens, sans muer, l'opposite
Du sommet et degré le plus hault de sa roue.

⁂

Il semble à voir que Dieu, Bourdigalle, irrité
Encontre les humains, les laisse à l'aventure
Errer à la merci des vens, et que la cure
Il a du gouvernail et le timon quitté :

Car hors du droit chemin ilz sont, et d'un costé
Un vent tempestueux repousse le navire,
Un autre vent aprés d'autre costé le vire,
Et ne le peut tenir contre eux l'ancre arresté.

Par l'abisme des eaux le veult faire nager
L'Est, et en un destroict le veult l'Oest ranger :
Que ferons-nous afin d'eviter le naufrage

En ce danger ? Prions que le gouvernement
Dieu vueille derechef prendre, car autrement
Parvenir à bon port ne peult nostre voyage.

⁂

De quoy nous sert, Du Chesne, et tens et biens dependre
A nous faire sçavans en grec et en latin?
Du Chesne, de quoy sert nous lever au matin,
Pour fueilter les écris du maistre d'Alexandre?

De quoy sert tant suer pour les œuvres aprendre
D'Homere et de Platon ; de quoy nous sert sans fin
Estre de l'estomac sur un pulpitre, afin
De lire et les secretz des Pandectes comprendre,

Si pauvres et sans pris on voit gens de sçavoir,
Et les biens et honneurs les ignorans avoir
En l'age où nous vivons (maudit et ingrat age),

Et si aprés la mort, en la vie seconde,
Que nous esperons tous au sortir de ce monde,
Au philosophe égal est l'homme de village?

⁂

Au rosoïant matin, qu'est en son enbonpoint
La florissante rose, on l'aime, loüe et prise,
Mais, quand ce vient au soir, que du soleil l'a prise
La brulante chaleur, à l'heure on n'en veut point.

La jeune fille ainsi, quand elle est sur le poinct
De quatorze ou quinze ans, elle est du tout requise
Pour sa grace et beauté, mais, dés ce que la poind
L'age meur et qui ride, un chacun la mesprise.

Belle et jeune tu es : qu'est-ce que tu attens?
Pren plaisir que l'on t'ayme or que tu as le tens
Convenable ; et d'aymer si as jamais envie,

 Amarante, m'amye, helas! souvienne-toy
Combien j'ay eu d'ennuy, de tourment et d'émoy,
De peine et de souci, pour toy toute ma vie.

⁂

Faune, dieu forestier, qui es pour tes outrages
Coustumiers à bon droict des Nimphes redouté,
De qui l'ardante rage et la lasciveté
Craint le chaste troupeau des Naiades sauvages,

 Soit qu'elles lasses soyent à dormir aux ombrages
D'un chesne ou d'un fouteau, ou soit que la beauté
De leurs membres tous nus se bagne en la clarté
Des ruisseaux qui roulans arrousent ces bocages,

 Je te pri, je te pri, si, lors que furieux
D'amour plus tu seras, d'aventure tes yeux
Viennent à rencontrer celle qui me commande,

 Pardonne luy ainsi : douce à toy se donner
Vueille Naïs : ainsi te vueille pardonner
Diane, quand suivras les filles de sa bande.

⁂

Je hay plus que la mort un envieux maudit,
Qui sous terre tousjours des menées me brasse,
Qui a l'œil dessus moy, et jamais ne se lasse
De me diminuer mon bon bruit et credit.

Si on dit bien de moy, cetuy-ci en medit ;
Si j'ay quelque bon heur, le vilain se deface ;
Il anrage s'il voit que mon profit je face ;
Si j'ay quelque malheur, joyeux il s'en gaudit.

Une envie, une peur, un martel le tourmente,
Jamais il n'a repos en son ame méchante,
Sinon quant vont en pis les affaires d'autruy.

Sçavous pour me vanger qu'à cestuy je desire ?
Qu'en bien soient prosperans ceux qu'il hait devant luy,
Car ainsi il n'aura oncq' fin à son martire.

꧁꧂

Nul n'est le bien venu qui n'a quelque nouvelle
A conter aujourdhuy, chacun est en esmoy.
Que faict le huguenot, que le papau ? Le roy,
Pour qui tiendra-il ? La paix durera-elle ?

Le huguenot écoute attentivement celle
Qui est en la faveur de luy et de sa loy ;
Le papau a en haine et ne peut donner foy
A ce que contre luy on luy dit et revelle.

Si quelqu'un vient à eux et n'a rien de nouveau,
Il sera reputé de l'un et l'autre un veau.
Parquoy, craignant cela, chacun invente et songe
   Au plaisir de tous deux des bourdes, aimant mieux
Mentir qu'estre muet devant ces curieux.
Voila comment le monde est tout plein de mensonge.

⚜

   En voiant, Berenger, les hommes ocieux
Estre au comble élevez d'honneur et de richesse
Ici bas, et voiant en plaisir et liesse
Heureusement passer le tens les vicieux ;
   En voiant, Berenger, les hommes studieux,
Qui suivent la vertu et toute gentillesse,
Vivre toute leur vie en souci et detresse,
Et au monde languir pauvres et odieux,
   Je penserois, ainsi que pensoit Epicure,
Que sans null' providence allast à l'adventure
Et sans gouvernement de ce monde le cours,
   Si ce n'estoit la vraye et certaine parolle
Du Filz du Dieu vivant, laquelle me console,
Et m'assure au millieu de ces humains discours.

⚜

Quand je serois un nouvel Heraclite,
Quand je serois le roc qui les douleurs
De Niobé larmoie, et quand en pleurs
Toute seroit mon essence reduitte,

Ma suffisance encor seroit petite
Pour larmoier la pitié des malheurs,
Des cruautez, des meurtres et horreurs,
Qui sont en France ainsi qu'elle merite.

Le frere y est de son frere ennemy,
Le filz du pere, et l'amy de l'amy;
De sang y est toute rouge la terre,

Et (malheur!) ceux qui devroient contenir
Le commun peuple et en paix le tenir,
Ce sont ceux là qui allument la guerre.

※

Las! je ne sçay si je dois vous aimer,
O blanche main de ma dame et amie,
Main de beauté parfaictement garnie,
Ou si je dois vous haïr et blamer.

Car je ne puis sinon vous estimer,
Lors que je voy, touche, baise et manie
Vostre enbonpoinct, vostre blancheur polie,
Raclant de moy tout soing triste et amer.

Mais, quand je vois que toute vostre force
Encontre moy se roydit et s'efforce,
Pour empescher la miene de glisser

Au lieu secret où ma joye demeure,
Je vous hay bien, ô belle main, à l'heure,
Et contraint suis à vous me courroucer.

☙

Laurans, je sens mon cerveau fantastique
Apesanti de pensers et d'ennuyz ;
Je vy tout triste et les jours et les nuictz,
Par ne sçay quelle humeur melancolique.

De mille esbas j'essaie la pratique,
Pour ces chagrins dont assomé je suis
Chasser au loing ; mais, helas ! je ne puis,
Tant cette humeur ferme m'estraint et pique.

Or, toy qui sçais tout ce que Gallien
Et Hyppocras sçeurent onq', le moien
Enseigne-moy, par ta science belle,

Avecq' lequel pourray me décharger,
Me delivrer, me guarir et purger
De ce fardeau qui me rompt la cervelle.

☙

Ces superbes chasteaux qui vont au firmament
De la teste toucher, ces braves frontispices,
Ces palais enrichis de divers artifices,
Servent pour y loger le cors tanseulement.

Et ainsi qu'est subject à un difinement
Le cors, chose caduque et faicte d'immundices,
Ainsi subjectz au tens sont ces grans edifices,
Et ne peuvent entiers demeurer longuement.

Ceux là sont doncq bien folz qui tant pierre sur pierre
S'efforcent d'amasser : il vault bien mieux aquerre
Et batir un logis à l'esprit immortel :

Car, comme l'est l'esprit, ainsi chose assurée
Sera, mon Lancelot, d'éternelle durée
Et maistre sur le tens son logis et hostel.

⚜

Fol avaricieux, tu travailles et peines,
Tu n'as autre souci qu'à croistre ton tresor ;
Tu as d'or et d'argent tout un monde, et encor
Ne sont pas à ton gré tes boetes assez pleines.

De quoy te sert passer avecques tant de peines
Et les jours et les nuicts, si moiennant ton or
A grand somme amassé, comme fait le castor,
Ton malheur et ta mort avecques toy tu traines ?

Car un voleur murtrier, afin d'empieter
Ta bourse et ton tresor, viendra t'égorgeter,
Et cerche le moyen de ce faire à toute heure.

Ou bien ton heritier despenseur par poison
Avancera tes jours, pour avoir ta toison
Et les biens qu'as acquis avecques si grand cure.

⚜

Mon Chopin, mon amy, où est allé le tens,
Où est allé le tens de nostre plus vert age,
Auquel nous soulions, pleins de libre courage,
Rire et nous réjouir de mille passetens?

Où est de nostre vie allé le beau printens?
Auquel l'ambition, les procés ny la rage
D'amasser biens mondains ne tenoyent en servage
Ton esprit ny le mien, heureusement contens?

Helas, pauvres nous! Rien de ferme ne sejourne
Sous la vouste du ciel qui ce rond environne:
Les jours clairs et beaux sont entresuiviz de nuicts.

Aprés le cler soleil survient la pluye obscure,
Aprés le gay printens le chault et la froidure,
Et aprés les esbas surviennent les ennuyz.

⚜

Comme l'or precieux, que l'indiene bize
Envoye à nostre bort, par un commun debvoir,
Est prisé de noz gens, qui courent pour l'avoir,
Sur les autres metaulz, veu sa valeur exquise,

    Ainsi, ô Tiercelin, je vante, loue et prise
Ta vertu, ta prudence et ton rare sçavoir,
Qui te faict renommer, qui te fait luyre et voir
Sur l'ignare troupeau des autres gens d'eglise.

    Si les autres, helas! t'eussent tous resemblé,
Nous ne verrions pas le sainct ordre troublé,
Nous ne verrions pas sa divine ordonnance

    Estre comme voyons cheute en confusion,
Car le trouble qui est en la religion
Chrestienne, engendré l'a des prestres l'ignorance.

    Prise l'ami qui voudera priser
Sa villotiere, et mignarde, et accorte,
Brave, gentille, et qui en mainte sorte
D'un poursuivant sçait l'amour atizer,

    Qui sçait parler, conter et deviser
Avecq' l'ami l'allant voir à sa porte.
Quand est de moy, envie je n'y porte,
Et ci ne veux icelle mepriser.

Mais toutefois la mienne plus je prise,
Nourrie aux champs, qui m'aime sans faintise
Autant ou plus que je la puis aimer.

Elle n'est point coupable d'avarice,
Et, si elle est simple, honteuse et nice,
C'est ce qui plus me la faict estimer.

La fille de Caton, quand on luy demandoit
La cause et la raison de son chaste veufvage,
Elle à ces demandeurs, comme prudente et sage
Et digne de Caton, son pere, respondoit

Que le nombre d'amis qui l'avoir pretendoit
Ne luy sembloit poussé d'un sincere courage,
Parce que chacun d'eux l'heur de son mariage
En l'amour de ses biens, et non d'elle, fondoit.

Si la mesme raison vous gouverne, Madame,
Si la mesme raison refroidit vostre flamme,
Vous pourriez demeurer sans mary longuement :

Car ceux qui tant vous font tous les jours de caresse,
Ce n'est vostre beauté ny vostre gentillesse
Qui les meine, ce sont voz biens tanseulement.

Avecques les porceaux on remuë la fange,
David, avecq' les loups on aprend à hurler,
Avecques les moutons on aprend à béeller,
Avecques les regnars les poulailles on mange.

Aussi, selon les gens que l'on hante, l'on change
Et de vie et de meurs, j'en puis au vray parler,
Car je le sens en moy, et ne le veux celer,
Depuis que j'ay aux champs des villes fait échange.

Quand les gens de sçavoir aux villes je hantois,
Des letires amateur et des livres j'estois ;
Mais, puis que j'ay des champs la demeure suyvie,

Où rustique est le peuple et où rien je ne voy
Que gens tous adonnez sur les biens, j'ars d'envie
D'en amasser comme eux ; mais ilz fuyent de moy.

☙❧

Le Thebain, ce dit-on, Penthé, fils d'Echion,
Des festes se moqua de Baccus, le bon pere,
Et se moqua de ceux qui son sacré mistere
Alloyent sollennizant avecq' devotion :

Dont tost aprés Baccus, plein d'indignation,
En sangler le mua sur le mont de Cythere,
Et son cors à ses sœurs et à sa propre mere
Meurtrir et déchirer feit pour punition.

Martin, ne pense pas que cette vieille fable
Soit dicte sans raison, sans substance notable :
Elle montre que Dieu punist amerement

Ceux qui l'ont en mépris, qui se rient et moquent
Des hommes assemblez [qui] le servent, l'invoquent,
Ainsi que je te voy rire ordinairement.

❦

La fille de Leda, du dieu cigne sortie,
Par sa rare beauté, qui feit que trop l'aima
L'adultere Troyen, à la guerre anima
Tout le peuple d'Europe et celui de l'Asie.

En pareille façon la belle Lavinie,
Fille du roy latin, la discorde alluma
Parmi le païs sien, qui pour elle s'arma,
Tant que maints grans seigneurs y perdirent la vie.

Noble fille d'Henry, ta celeste beauté
N'est pas occasion de telle cruauté,
Car elle a delivré ton païs de la guerre,

Et, au fin fond d'enfer confinant le discord,
Elle a rendu amis et faict estre d'accord
Deux magnanimes rois, les plus grans de la terre.

❦

« France, qu'as-tu ? Quel langoureux soucy,
Et quel regret te moleste et t'agite
De passions ? Quelle perte t'incite
A te douloir et à plorer ainsi ? »

Je demandois à la France cecy,
Et ell' me dit : « Ma perte n'est petite,
Helas ! je pers ma belle Marguerite,
Et, la perdant, je pers ma gloyre aussi.

Elle s'en va habiter autre terre,
Et desormais comme un anneau sans pierre
Je demeurray, et comme un pré sans fleurs,

Et comme un bois quand la morne froidure
L'a despouillé de sa gaye verdure :
T'esbahis-tu donc, ami, de mes pleurs ?

AMOUR PIQUÉ D'UNE ABEILLE

PRIS DE THEOCRITE [1]

Amour un jour, cupide et envieux,
S'achemina en un lieu de plaisance,
Où y avoit d'abeilles abondance,
Pour derober leur miel delicieux ;

Mais, en voulant de ses dois precieux
Sonder leur ford, une sur luy s'avance
Fort rudement, et tellement l'offence
Qu'il s'en vola despit et furieux.

« Comment font mal (va-il dire à sa mere,
Se lamantant de sa douleur amere)
Mouches à miel, si petis animaux ? »

Venus adoncq' ainsi luy respondit :
« Et toy, qui n'es qu'un enfançon petit,
Ne fais-tu pas, mon amy, tant de maux ? »

---

1. La pièce est d'Anacréon, et non de Théocrite. (*Note des éditeurs.*)

Ronsard, seront tousjours amoureux tes escris ?
Ne verrons-nous de toy qu'elegies ploreuses,
Hymnes, odes, sonetz, bucoliques joyeuses ?
Ne verrons-nous jamais ce Francus entrepris ?

Laisse, laisse, Ronsard, pour les moindres espris
Ces ouvrages communs : sans plus user d'excuses
(Tu pers trop de tens là), fay chanter à tes muses
Ces Troyens, noz autheurs, œuvre de plus grand pris.

La France t'en requier, qui par ta gentillesse
Espere s'égaller à Rome et à la Grece :
Par là tu t'aquerras seure immortalité,

Par là tu t'aquerras la faveur de ta France,
Qui de toy seul attend ceste felicité.
Veux-tu de tes labeurs plus digne recompence ?

GLOSSAIRE

Abrier, couvrir, abriter. Mot qui a survécu dans le patois poitevin.

Anicher (s'), se faire un nid. Le patois poitevin a conservé ce mot, avec les différents sens qu'on attache aujourd'hui au verbe : se nicher.

Aplanir, caresser, flatter. Usité dans le Poitou.

Araigne, sorte de filet en crin très fin garni de lacs, dont se servent encore aujourd'hui les braconniers Vendéens, et qui tire son nom de sa ressemblance avec les toiles d'araignée.

Arbrère, petit bouquet de bois naturel ou planté. Il n'est pas rare de rencontrer de ces *arbrères* dans les paysages pittoresques de la Vendée, où les campagnards leur donnent encore ce nom.

Areau, charrue, de *aratrum*. Terme usité chez les cultivateurs poitevins.

Aulonnois, d'Aulonne ou d'Olonne, bourg vendéen sur le bord de la mer, à 5 kilomètres au nord des Sables-d'Olonne, qui était assez florissant dans la première partie du XVIe siècle, mais qui fut détruit par les calvinistes en 1570.

AUMAILLES, bêtes à cornes, gros bétail. C'est un terme qui est encore usité dans la Plaine et dans le Marais [1]. On disait primitivement *almailles*, ce qui se rapproche beaucoup de l'origine latine *animalia*.

BECHÉE, becquée. Ce mot est resté dans le patois vendéen avec la signification plus étendue de bouchée.

BERS, berceau, de *bersa*. On retrouve ce mot dans les œuvres poétiques [2] d'un gentilhomme du bas Poitou, André de Rivaudeau, contemporain de J. Béreau, et qui a habité les mêmes parages.

BETTE, betterave. Dans les campagnes du Poitou on donne encore ce nom à toutes les betteraves sans distinction d'espèces.

BOULLER, jouer aux boules et plus particulièrement renvoyer la boule d'un partenaire avec la sienne, de façon à prendre sa place et à se trouver plus rapproché de la *mère*.

BOURELLEMENT, cruellement, à la façon des bourreaux. Mot employé par André de Rivaudeau. Voyez au mot BERS.

BROSSER, parcourir les parties de bois les plus touffues, les broussailles, de *bruscus*.

CHAPUSER, charpenter, par extension, mettre en copeaux, raboter.

---

1. Le bas Poitou se divise en trois régions distinctes : le Marais, la Plaine et le Bocage. J. Béreau habitait cette dernière contrée, mais non loin du Marais.

2. L'édition originale de ces œuvres a été imprimée à Poitiers, en 1566, par Nicolas Logeroys. M. Mourain de Sourdeval en a fait faire une réimpression accompagnée d'une étude fort intéressante. Paris, chez Auguste Aubry, 1859.

CHETI, méchant, rusé. On dit encore très communément dans le patois poitevin et celui du centre de la France qu'un enfant est *cheti*, qu'une femme est *chetive*, sans, toutefois, que le mot soit toujours pris en mauvaise part.

CHEUT, tombé, participe passé de *choir*. Les patois du Poitou et de l'Anjou font encore un grand usage de ce mot.

COMPASSER, composer (des vers). Cette expression contient une idée très nette de la mesure.

COUCOMBRE, concombre. Cette forme, qui rappelle l'origine *cucumer*, est encore la seule employée dans le patois poitevin.

COUPEAU, COUPPEAU, colline, sommet, de *caput*.

COUSIEZ. L'origine de ce mot est commune avec celle de *consul* et *conseiller*, ainsi que le sens.

DACE, tribut, imposition. Formé d'un mot de la basse latinité, *datia*, de *dare*. Employé par de Rivaudeau. Voyez au mot BERS.

DENT A DENT, la face contre terre. Boire à dent à une fontaine, c'est y boire directement, en se couchant sur la berge, sans se servir du creux de la main ou d'un vase quelconque.

DISTER, être différent de : « Syringue gueres ne distoit de la vierge Artemis. » Ce mot vient de *dis* et *stare*.

EGAIL, rosée. L'orthographe actuellement acceptée par l'Académie, *aiguail*, indique assez nettement l'origine latine *aqua*. Ce mot est employé dans toutes les campagnes du Poitou avec la première orthographe qui se retrouve d'ailleurs dans le mot français *eau* et le mot patois *éve*, qui a formé *évier*.

Emmy, au milieu, de *in medio*.

Erené battu, rossé. Ce mot, très usité dans le patois actuel du Poitou, rappelle d'assez près le mot français familier *éreinté*.

Faitif, gentil, de *factitius*, fait exprès. Villon fait usage de ce mot en lui donnant une orthographe qui répond mieux à l'origine étymologique, *faitis*.

Feuvre. J. Béreau n'a employé qu'une seule fois ce mot qu'il accole avec Dieu, *feuvre-Dieu*. Cette épithète qualifie Vulcain, et il n'y a pas le moindre doute que *feuvre* ne veuille dire forgeron, comme l'indique l'origine *faber*.

Fleuretis, accords et autres ornements dont un air est embelli, mélodie. Dans le langage, le *fleuretis* est un discours recherché, dans lequel on affecte plutôt des pointes que des raisonnements solides.

Fromi, fourmi. S'emploie communément dans les patois du Poitou et du centre de la France.

Fumer, enfumer, forcer un animal à sortir de son gîte en l'enfumant. Cette chasse est encore très usitée dans le Bocage poitevin, quand on veut faire sortir du terrier un renard ou un blaireau qui s'y est *terré*.

Guarir, guérir. Prononciation habituelle dans le patois poitevin.

Guindoux, variété de cerisier. Le fruit de cet arbre, qui est une grosse cerise noire, est très estimé en Poitou et en Anjou.

Jaçoit, de *jam sit*, jà soit. « Merlin, jaçoit qu'un bien petit de terre couvre tes os. »

GLOSSAIRE

Juc, juchoir, perchoir, de *jugum*, perche placée en travers sous laquelle on faisait passer les vaincus. Ce mot est encore employé dans le centre de la France; dans le patois du Poitou on dit *jouc*.

Liarre, lierre; prononciation usitée dans le patois poitevin.

Lisobier, essence d'arbre dur qui porte le fruit en grappe et ressemble au cornouiller.

Loi, Loy, Lay, rivière de la Vendée, sur les bords de laquelle la famille des Béreau posséda des terres, et dont la source baigne le domaine de Burbure.

Mourloup, qui mord le loup. On donne assez fréquemment ce nom aux chiens qui gardent les troupeaux dans le Bocage.

Nic, nid. Usité dans le patois du Poitou.

Nublé, attaqué par la carie, par la nielle. Rabelais écrit ce mot *nieblé*, et le paysan poitevin dit encore *nuble* pour désigner la nielle. De ces trois formes ressort assez clairement l'origine du mot nielle dans *nebula*.

O, avec. Ce mot, d'une origine très ancienne, vient, de l'avis de certains philologues, du mot latin *apud*. On le trouve fréquemment dans le langage du XVe siècle.

Orendroit, maintenant, désormais.

Ousche, du bas latin *ulca*, *olca*, jardin clos de murs ou de haies et planté d'arbres fruitiers, sous lesquels on sème des légumes ou du chanvre. Mot fréquemment employé dans le patois du Poitou.

Papau, nom qu'on donnait, pendant les guerres de religion, aux ennemis de la réforme, aux partisans du pape.

Passe-veloux, fleur veloutée, autrement appelée amarante.

Perdriau, perdrix, perdreau. Les chasseurs du Bocage donnent indistinctement ce nom aux vieilles perdrix, comme à celles de l'année.

Petit, peu. On dit fréquemment dans le patois poitevin *un petit* dans le sens de *un peu*.

Pipeur, eresse, trompeur. Ce mot, qui s'emploie encore dans le langage familier, a été très usité aux XVIe et XVIIe siècles; il vient d'une chasse très connue dans le Bocage, la pipée, qui consiste à enduire de glu des branches ou *perchoirs* et à y attirer toutes sortes d'oiseaux, en imitant le cri de la chouette et en se dissimulant dans des feuillages. Dans le patois poitevin on emploie également *piper* dans le sens de prendre, tromper.

Pommelant, qui est rond comme une pomme : « Ses pommelans tetons. »

Possible, peut-être. Cette expression, qui n'est pas rare dans le langage ordinaire, est très usitée dans le Poitou.

Poupon. Ce fruit, dont parle Béreau et auquel il consacre en entier son Ode V, est le melon, si l'on s'en rapporte à la description très détaillée qu'il en fait. Il est même d'une espèce encore très commune, dont une partie de la Vendée fait une très grande culture, le *melon maraîcher*, très parfumé, sans côtes et dont l'écorce est toute brodée. « Les beaux traitz, les figures et les portraitz que la nature sur ton escorce est gravant. »

Pressouer, pressoir. Il n'est pas rare de trouver de semblables adoucissements dans Rabelais, et les patois actuels de la Touraine et du Poitou en ont conservé de nombreuses traces.

QUAND ET MOY, avec moi, en même temps que moi. Expression fréquemment employée en Poitou.

QUARREAU, carré de jardin. Béreau fait également usage du mot *cartier* avec la même signification.

RANDER, planer, en parlant d'un oiseau, de *randon*.

RECIENE, rassasiée. « Quand lasse et reciene seras du travail de la chasse. »

SAUVAGEAU, arbre sauvage qui n'a pas été greffé. Terme de jardinage communénent employé par les habitants des campagnes du Poitou.

SERTE, couvert pour le repas. Dans le patois poitevin, ce mot s'emploie indifféremment dans ce sens ou dans celui plus restreint de *nappe*.

STENELLE, Sthelenus ou Sthenelus, père d'Eurysthée.

SUBOUT, interjection, contraction de *sus debout*.

SURRIN, souriant, de *subridens, surridens*.

SYRINGNE, Syrinx, nymphe d'Arcadie.

TABUS, bruit, tracas, vacarme. Employé dans le patois poitevin, *tabut*, et dans le patois provençal, *tabust*. C'est de là que vient le verbe *tarabuster*.

TIRACE, filet pour prendre certains gibiers ; aujourd'hui *tirasse*.

TONNELLE, filet pour prendre les perdrix.

TOUR, au sens de ruche.

TOURTRE, tourterelle, de *turtur*. Ce mot est encore usité dans le patois du Poitou.

VERGNE, aulne. Cette essence d'arbre est très commune dans le Marais, où elle a conservé ce nom.

VOLLIER, charmille, berceau.

Imprimé par Jouaust et Sigaux

POUR LA COLLECTION

DU CABINET DU BIBLIOPHILE

SEPTEMBRE 1884

CABINET DU BIBLIOPHILE

EN VENTE

1. Le Premier Texte de La Bruyère. . . . . . 10 fr.
2. La Chronique de Gargantua. . . . . Épuisé
3. La Puce de Mme Desroches . . . . Épuisé
4. Le Premier Texte de La Rochefoucauld. . Épuisé
5. Amusements sérieux et comiques, de Dufresny 6 fr.
6. Lettres turques, de Saint-Foix . . . . 6 fr.
7. Satires de Dulorens. . . . . Épuisé
8. Poésies de Tahureau. T. I : *Premières Poésies*. 8 fr.
9. — Tome II : *Sonnets, Odes et Mignardises* . . Épuisé
10. Maximes de Mme de Sablé . . . . 5 fr.
11. Élégies de Jean Doublet . . . . 8 fr.
12. Le Traicté de Getta et d'Amphitryon. . . 5 fr.
13. Lettres et Poésies inédites de Voltaire. . 5 fr.
14. La Chronique de Pantagruel. . . . . 8 fr.
15. L'Enfer, satire en prose, de d'Aubigné . . 9 fr.
16. Les Marguerites de la Marguerite. 4 vol. 40 fr.
17. Le Disciple de Pantagruel . . . . 7 fr.
18. Le Printemps, stances et odes, de d'Aubigné. 8 fr.
19. Œuvres de Louise Labé . . . . 12 fr.
20-22. Poésies de Courval-Sonnet. 3 vol. . . 27 fr.
23. Poésies de Marie de Romieu. . . . . . . 8 fr.
24. Texte primitif de la Satyre Ménippée, 1593. 8 fr.
25. Légende de Pierre Faifeu. . . . . 8 fr.
26. Le Premier Texte de Mme de Sévigné . . 7 fr.
27-28. Poésies de Buttet. 2 vol. . . . . 18 fr.
29. Premières Satires de Dulorens (1624) . . 10 fr.
30. Fables d'Ésope, trad. par G. Corrozet . . 12 fr.
31. Poésies inédites de P. Motin (16e siècle). 8 fr.
32. Satires de Louis Petit. . . . . 8 fr.

Exempl. *Chine* et *Whatman* (prix doubles) des n°s 5 à 31.

Pour plus de détails, demander le Catalogue *de la Librairie.*

Imp. Jouaust et Sigaux

www.ingramcontent.com/pod-product-compliance
Lightning Source LLC
Chambersburg PA
CBHW070622170426
43200CB00010B/1888